Christoph Klein



# Mit einem RUCKSACK voll HOFFNUNG

*Mein Pilgerweg durch Israel und Palästina*

Tyrolia-Verlag · Innsbruck-Wien

Mitglied der Verlagsgruppe „engagement“

Bibliografische Information Der Deutschen Nationalbibliothek
Die Deutsche Nationalbibliothek verzeichnet diese Publikation in der Deutschen Nationalbibliografie; detaillierte bibliografische Daten sind im Internet über http://dnb.d-nb.de abrufbar.


Lektorat: Dr. Bruno Kern, Mainz
Umschlaggestaltung: Tyrolia-Verlag, Innsbruck
unter Verwendung eines Bildes von Christoph Klein
Bildnachweis: Alle Abbildungen stammen von Christoph Klein
Karte: cartomedia – Karlsruhe, Angelika Solibieda
Layout und digitale Gestaltung: Tyrolia-Verlag, Innsbruck
Lithografie: AS-Design, Arzl im Pitztal
Druck und Bindung: Formatisk, Slowenien
ISBN 978-3-7022-3143-9
E-Mail: buchverlag@tyrolia.at
Internet: www.tyrolia-verlag.at

# INHALT

# VORWORT

*„Umwege erweitern die Ortskenntnis."*
Kurt Tucholsky

Dass ich über meine Israelreise im Januar 2010 viel schreiben würde, war mir klar, ja sogar mein ursprüngliches Ziel. Damit aber, dass die Reise in ein Pilgerbuch münden würde, hätte ich ungefähr so sehr gerechnet wie damit, dass sie ein Kochbuch abwerfen würde.

Wenn mich bei meinem Aufbruch jemand als Pilger bezeichnet hätte, hätte ich wohl unmissverständlich das Gesicht verzogen. Denn mit Pilgern im Heiligen Land hätte ich zuallererst jene gutsituierten Damen und Herren mit unverkennbar gelben Hütchen assoziiert, die in Kafarnaum noch fünfeinhalb Minuten Zeit zum Postkartenkaufen haben, bevor sie wieder in ihren Bus steigen müssen.

Doch im Laufe meiner viereinhalb Wochen, in denen ich überwiegend zu Fuß in Israel unterwegs war, bin ich zum hundertprozentigen Pilger geworden – und zwar ohne, dass die „klassischen" heiligen Stätten dabei die Hauptrolle gespielt hätten. Das, was ich als rein journalistisches Projekt konzipiert hatte, führte mich immer mehr zu mir selbst, und dies besonders wegen einem Thema, mit dem ich – gerade in der Westbank – überaus intensiv konfrontiert wurde: der Frage, wie Friede möglich ist.

Meine Reise durch Israel war in vielerlei Hinsicht ein kleines Modell für mein Leben. Auch im Leben merkt man erst mit der Zeit, dass es sich um eine Pilgerreise handelt.

*Christoph Klein*

## DEUTSCHER FUSSBALLBUND, ARABISCHE SCHRIFT UND SCHWEIZER BERGE

*„Voll Freude werdet ihr fortziehen,*
*wohlbehalten kehrt ihr zurück."*
Jes 55,12

So ein Anorak mit weißem Kreuz auf rotem Grund hätte mir schon gefallen. Immerhin lebe ich seit 1997 in der Schweiz. Doch nun rufe ich meine Schwester in Deutschland an und bestelle beim Christkind einen mit den Farben der deutschen Nationalmannschaft. „Weißt du, damals, als ich in Jerusalem studiert habe, da hat man uns immer gesagt: Wenn man euch als Deutsche erkennt, kann nichts passieren. Die israelischen Siedler sehen, dass ihr neutral seid, und die Palästinenser auch." Das Christkind versteht das sofort. „Weißt du, eigentlich wäre so ein Schweizer Anorak auch ganz nett gewesen, aber nun – seit dem 29. November ..." Es ist Anfang Dezember 2009, und der Volksentscheid der Eidgenossen für das Minarettverbot ist noch frisch.

Das Christkind hat alles verstanden, und wir legen auf. Gut für den Deutschen Fußballbund, so ein Schweizer Minarettverbot, sage ich zu mir selbst und muss lachen. Und schon klingelt das Telefon wieder. „Noch eine Frage: Wie wäre es mit einer schusssicheren Weste zum Darunterziehen?"

Seit ein paar Wochen schon bin ich mit den Vorbereitungen für Palästina beschäftigt, doch diese Rückfrage des Christkindes ist zweifellos das Bizarrste daran.

Die Reise zu Fuß durch Israel wird mein größtes journalistisches Projekt sein: Einen Monat will ich vom Süden bis in den Norden wandern und Interviews führen, um am Ende gute Texte und einen Berg Fotos mit nach Hause zu bringen.

Das Projekt ist aus meiner Sicht zugleich mein am wenigsten einfallsreiches: In Jerusalem hatte ich 1995/96 zwei Semester lang studiert und dabei das ganze Land kennengelernt. Nun habe ich wieder viel Zeit – unfreiwillig. Anfang November hatte ich ohne jede Vorwarnung meine Arbeit in Liechtenstein verloren. Als Theologe war ich bei einem Verein tätig gewesen. Nachdem ich die Präsidentin wegen unzulässiger Streichungen in einem Protokoll kritisiert hatte, hatte ich ohne Vorwarnung die Kündigung vor mir liegen. Mein Gefühl war so, als bräche plötzlich der Boden unter mir weg. Schmerz bohrte sich mir in die Brust: All mein Engagement der letzten drei Jahre war mit einem Augenblick nichts mehr wert. Dass die Präsidentin wenige Stunden, nachdem sie mir gekündigt hatte, zurücktrat, half mir nichts mehr.

Der wenig einfallsreiche Entschluss zu meiner Reise fiel schon wenige Tage später. Nach Palästina zu fahren scheint mir im Moment die einzige Möglichkeit, mich vor langer Arbeitslosigkeit zu bewahren und meine Familie vernünftig zu ernähren. Denn mein Plan ist es, mit meinen Geschichten und Bildern aus Israel journalistisch einen Einstieg zu finden. Dass ich so schnell Verträge mit Zeitungen und theologischen Magazinen abschließen konnte, gibt mir Zuversicht. Wenn es eine Zukunft gibt, dann als Journalist.

„Sie sind ab sofort von sämtlichen beruflichen Pflichten entbunden“, steht in der Kündigung – eine zusätzliche Demütigung, die bedeutet: Was du tust, ist so wertlos, dass wir schon ab heute darauf verzichten können.

Doch immerhin bin ich nun frei.

Um mich in Palästina etwas besser bewegen zu können, frische ich nun schon seit mehreren Wochen mein Arabisch auf: „al-murabba fit-tawila“ – „Die Marmelade steht auf dem

Tisch." Zu wissen, was Marmelade auf Arabisch heißt, stelle ich mir geradezu atemberaubend hilfreich vor. Meine Gedanken schweifen nach Jerusalem, Betlehem und Hebron.

Die Flüge habe ich vor ein paar Tagen gebucht: 1. Januar / 1. Februar. Ich muss schließlich Daten haben, die ich mir auch merken kann.

Ich klappe mein Arabischbuch zu. Bringt eh nichts, denke ich, denn die Palästinenser sprechen einen undurchdringlichen Dialekt. Ich werde mich durchschlagen. Mit oder ohne Marmelade.

Draußen ist es schon lange dunkel. Am nächsten Tag will ich die Vorteile, „von sämtlichen Pflichten entbunden" zu sein, in vollen Zügen genießen.

Unsere 2-jährige Christina Xenia im Tragegestell auf meinem Rücken ist zufrieden. Sie auf den Berg zu tragen, an dessen Hang unser Haus liegt, ist meine Lieblingsmethode, um mit ihr in den gleichen Rhythmus zu kommen. Und meine Lieblingsmethode, um für die Wüste zu trainieren.

# IST DAS HEILIGE LAND HEILIG?

*„Wer bist du, Christus, und wer bin ich?"*
Abt Benedikt Lindemann OSB

Ich sitze im Bus 4 der Linie 444, der gerade am Schild „sea level" vorbeirast. 4 Stunden 44 Minuten beträgt die Fahrzeit bis Eilat. Obwohl die Zahl 4 für das Erdverbundene steht, gehen meine Gedanken zurück zum Flug München–Tel Aviv: „Beruchim ha-boim ve-ha-aretz. Welcome to Israel", sagte eine Lautsprecherstimme kurz vor der Landung. Im Gegensatz zur englischen Fassung hatte die hebräische einen religiösen Touch, denn „ha-aretz" meint eine entscheidende Nuance mehr als einfach nur „das Land". Auch an das landestypische, sehr authentische Begrüßungsritual nachts um drei im Flughafen erinnere ich mich. Drei Vertreter des Landes nahmen sich über eine halbe Stunde Zeit, damit ich das Ritual unverkürzt erleben konnte: „Wann waren Sie das letzte Mal in Israel? Warum? Warum sind Sie diesmal nach Israel geflogen?" Das Fragespiel ist sehr beliebt, wenn man zu zweit reist. Man wird dann separat befragt, und wehe, es gibt in irgendwelchen Details widersprüchliche Aussagen. Wenn man nun allein unterwegs ist – das begriff ich nun –, wird man von verschiedenen Polizisten befragt, und wehe, man widerspricht sich selbst! Das nenne ich hocheffiziente Terrorismusbekämpfung! Auch ich stellte eine Frage: „Warum wurde ich eigentlich vor dem Flug nicht befragt und warum musste ich den Inhalt meines Rucksacks nicht ausbreiten?" – „Das ist Israel." Aha.

Der Bus mit den vielen Vierern steuert, erdverbunden wie er ist, in die tiefste Senke der Erde, nämlich ans Ufer des Toten Meeres.

Hellbraune Steinwüste zieht an mir vorbei. Was ist Heiliges Land? Ist es einfach die Landschaft der Bibel? Dann wären Ägypten, Athen, Korinth und Malta auch Heiliges Land. Warum auch nicht? Oder ist Heiliges Land für Christen in erster Linie das Gebiet des Wirkens Jesu? Dann sollte sich keine Heiligland-all-inclusive-Tour hier herunter ans Tote Meer verirren. Zumal man eh nicht drin tauchen kann. Ich hatte es 1995 ausprobiert – eine der unangenehmeren Erfahrungen meines Studienjahres.

Etwas Heiliges verweist auf Gott, und manchmal leuchtet ganz unvermittelt etwas davon auf. Der brennende Dornbusch kam für Mose schließlich auch ziemlich überraschend. Ob auch auf meinem Weg in den nächsten Tagen und Wochen etwas Heiliges passieren wird?

Manchmal ist es auch umgekehrt: Manches angeblich ganz Heilige kann mich überhaupt nicht auf Gott verweisen. Manche allzu fromme Andacht etwa.

Diejenige, die ich heute Morgen vor meinem Aufbruch erlebt habe, war keineswegs „allzu fromm“: Das Morgengebet der Mönche auf dem Zion war bodenständig, echt und innerlich. In ihr Kloster, die Dormition Abbey, zurückzukommen, berührte mich tief. Hier, oder besser gesagt im Studienhaus Beit Josef neben der Abtei, hatte ich 14 Jahre zuvor zwei Semester studieren dürfen, zusammen mit 26 anderen jungen Männern und Frauen, katholischen, evangelischen und freikirchlichen. Es war eines der reichsten Jahre meines Lebens.

Gestern tauchte ich dort wieder auf, kurz nach Sonnenaufgang. Ich war willkommen: im Gottesdienst, beim Frühstück, im Beit Josef.

Lots Frau, die der biblischen Legende zufolge zur Salzsäule erstarrt ist, zieht am Fenster des Autobusses vorüber. In der jüngeren Geschichte der Abtei – so kommt es mir in den Sinn – ist manch Erstarrtes in Bewegung gekommen.

1995 war Benedikt Lindemann neuer Abt geworden. Genau erinnere ich mich an seine feierliche Weihe. Ich konnte miterleben, wie das Kloster aufzublühen begann. Inzwischen ist es von neun überwiegend alten auf 22 überwiegend junge Mönche angewachsen. Geerdete Menschen, die sich ihrer großen Verantwortung für die Christen im Heiligen Land bewusst sind.

Abt Benedikt sagt bescheiden, dass er nicht weiß, warum die Ausstrahlung seines Klosters so gewachsen ist. Ich glaube, er ist ein charismatischer und glaubwürdiger Mensch, und solche Menschen haben eine magnetische Wirkung.

Er konnte sich so genau an mich erinnern wie ich mich an seine Amtseinführung, und er freute sich sehr, mich zu sehen. Wir beide sind Väter – ich als Vater meiner drei Töchter, er im geistlichen Sinne. „Vater werden ist nicht schwer, Vater sein dagegen sehr", lachte er. Recht hat er.

Als Mönche, als Deutsche und als Christen seien die Benediktiner auf dem Zion gleich dreifach in der Minderheit, erklärte er mir, um fortzufahren: „Die Fremdheit in der Welt und die benediktinische *stabilitas loci* – diese Spannung müssen wir Mönche auf dem Zion aushalten, doch diese Spannung ist auch spirituell fruchtbar. Dieses komplexe Land hilft mir bei der Frage: ‚Wer bist du, Christus, und wer bin ich?'"

Darum ist es Heiliges Land. Weil es Menschen gibt, die dort intensiv Christus suchen. Weil es Pilger gibt, die ihr Leben nach Jerusalem mitbringen. Die am Golgotafelsen niederknien, zu Hunderten, um den Kreuzweg ihres Lebens bestehen zu können. Die stundenlang warten, um ein Gebet in der Kammer des Heiligen Grabes zu verrichten.

Ich war gestern dort, doch hatte ich nicht so viel Geduld. Ich glaube auch nicht, dass Gott auf Gebete aus anderen Ecken der Welt weniger genau hört.

Durch die Gebete all der Menschen, die sich ernsthaft von Gott berühren lassen wollen, ist das Land heilig. Auch wenn es politisch und gesellschaftlich noch so unheilig sein mag.

# DAS JETZT IST WICHTIGER ALS DAS GLEICH

*„Vater unser im Himmel“*
Mt 6,9

Von Eilat sehe ich nur die leuchtende Kulisse, die hinter einem Bergrücken hervorragt. Ich liege auf meiner Isomatte in der Steinwüste. Vier Kilometer erst bin ich gegangen, doch mit meinem 23-Kilo-Rucksack war das anstrengend genug für den Nachmittag. Ich werde abends und morgens ein paar Liter trinken, dann sind es weniger als 20.

Ein Bild von heute kommt nun wieder hoch und beginnt mich zu quälen: Ein Mann, mitten in Eilat, Erbrochenes auf dem Pullover, keinesfalls wach, doch wohl nicht bewusstlos. Er lag an einer frequentierten Straßenecke. Hunderte sind vorbeigegangen und -gefahren.

Was sollte ich tun mit ihm? Zur Polizei gehen? Doch hier unten, am äußersten Ende Israels, kann fast niemand Englisch … Außerdem: Ich musste doch noch in die Wüste gehen, bevor es dunkel wird …

Ein Feigling war ich. Die erste Chance, etwas Unplanmäßiges zu tun, habe ich verpasst. In Zukunft will ich Unvorhergesehenes nehmen, wie es kommt, beschließe ich.

Ob jemand dem Mann geholfen hat? Ob er überhaupt Hilfe nötig hatte?

Das Thema, mit dem sich meine Gedanken während der vier Kilometer in die Wüste hinein beschäftigten, war nicht der Mann, sondern etwas, das ich schon zu Hause geplant hatte. Was macht schon ein Theologe, wenn er mehrere Tage durch die Wüste geht? Er meditiert das Vaterunser, jeden Tag eine Bitte, und schreibt jeweils am Abend, die Sterne über sich, im Licht seiner Stirnlampe den Ertrag in die roten Seiten seines Notizbuches:

*3. Januar: „Vater unser im Himmel"*
*Nicht mein Vater, sondern „unser" Vater vereinigt die Menschen zu einem Wir. Da ist ein Himmel, darum muss ich keine Angst haben. Der Himmel ist ein Du, nämlich der Vater. Nicht vom Sternenhimmel ist mein Leben abhängig, sondern liebevoll betrachtet wird es vom Vater.*

Theoretisch gar nicht so dumm. Doch dass ich das Gegenteil *getan* habe vom „vereinigt zum Wir“, das traue ich mich an diesem Abend noch nicht einmal in meine roten Seiten zu schreiben.

Manchmal sollten wir Theologen weniger schreiben und mehr tun. Mit einer Prise Ärger über mich selbst schlafe ich ein. Gut nur, dass der Vater im Himmel auch das weniger Gelungene liebevoll betrachtet.

*Am Strand von Eilat am Roten Meer*

*Die Wüste Negev ist im Süden von Wadis, Bergen und Kratern durchzogen.*

*Höchst selten klettert der Steinbock auch einmal auf einen Baum, wie hier auf die Tamariske.*

*Blumen in der Wüste bei Dimona inspirierten mich zu meiner „Müllmeditation".*

*Kamel, Beduine und Esel: ein offenbar gut eingespieltes Trio in der Wüste Zin*

*Eine riesige grüne Oase inmitten der Wüste: der Kibbuz Neot Smadar*

*Gibt's hier vielleicht etwas Genießbares? Ohne Scheu wartet der Steinbock an der Straße bei Mitzpe Ramon.*

*Zwischen Schacharut und Neot Smadar; ganz hinten die Berge Jordaniens*

# ACHTSAMKEIT IN DER EINSAMKEIT

*„Geheiligt werde dein Name"*
Mt 6,9

Heute Morgen bin ich um fünf Uhr im Mondschein aufgebrochen. An der furchtbar großen Gruppe israelischer Wanderer bin ich vorbeigehuscht und dann ganz in die Einsamkeit der Wüste eingetaucht. Was tue ich hier?

Immer wieder habe ich gelesen, das Problem von uns westlichen Menschen sei, dass unser Bewusstsein zu selten ganz in der Gegenwart sei, sondern meistens irgendwo in der Zukunft. Das Gegenteil, also das Leben, Fühlen und Denken ganz in der Gegenwart, das will ich hier einüben. Es heißt Achtsamkeit.

In Zweisamkeit, finde ich, ist Achtsamkeit noch einfach. In Einsamkeit fällt es mir schon wesentlich schwerer. Zumal Meditationshocker gar nicht mein Fall sind. Aber hier, im Rhythmus meiner Schritte, gelingt es mir vielleicht, voll und ganz in die Gegenwart einzutauchen. Ich will das. Denn ohne Achtsamkeit huscht mein Leben fremd an mir vorbei. Ich will leben. Jetzt.

Schritt für Schritt komme ich auf eine gewaltige Hochebene. Die Sonne brennt inzwischen gnadenlos. Das alles nehme ich wahr. Und wenn mir ein Gedanke an meine Lieben zu Hause oder an meinen Rauswurf in der Arbeit kommt, verbiete ich es ihm nicht. Aber er soll mich nicht in Besitz nehmen, sondern ich will ihn auch wieder loslassen können.

Ich versuche, meine Aufmerksamkeit wieder ganz auf meine Schritte, auf die Sonne auf meiner Haut und auf meinen

Atem zu lenken. Auf die Farben der Felsen und die Pflanzen, deren Überlebenskunst mich beeindruckt, allen voran die schirmförmigen Bäume der Steinwüste, die man Tamarisken nennt. Wenn es sein muss, können sie mehrere Jahre ohne Regen auskommen!

Die kleinen, feinen Blüten der Rosenmalven und hellblauen Zwergzichorien wirken in der kargen Umgebung umso eindrücklicher, und der dornige Kapernbusch, der sich in die Felsspalten schmiegt, entfaltet ein elegantes Spiel der Farben.

Plötzlich stehen zwei Steinböcke, ein großer und ein kleiner, auf der Ebene. Auch sie sind Überlebenskünstler, denn zum Fressen haben sie hier wahrlich nicht viel. Sie schauen mich an, laufen gleich wieder davon, sind viel scheuer als ihre dunkleren, größeren Artgenossen in den Alpen. Fast fliegen sie über die Steinwüste.

Nur zehn Minuten später erblicke ich den seltsamsten Steinbock meines Lebens: Er steht ganz oben auf einer Tamariske und lässt es sich schmecken – eine biologische Sensation, die vermutlich noch nicht viele vor die Linse bekommen haben. Schon bald nachdem ich mit dem Fotoapparat samt 300-Millimeter-Zoom näher gekommen bin, klettert der Steinbock hinunter und rennt davon.

Mein Objektiv hat ihn gefangen. Und ich bin glücklich. Nicht nur darum, weil ich gute Bilder gemacht habe, sondern vor allem darum, weil ich hier bin. Zur rechten Zeit am rechten Ort.

Bei der Achtsamkeit hat mir der Steinbock sehr geholfen. Mit allen Sinnen bei ihm zu sein war nicht so schwierig wie mit allen Sinnen beim Einerlei der Steine, dem Sonnenstand, der Sonne auf der Haut und dem Rucksack auf dem Rücken zu sein. So eine Achtsamkeitsübung ist eigentlich eine Übung der eigenen Echtheit, der Authentizität. Wenn ich ganz in der

Gegenwart leben kann, wird es mir auch eher gelingen, in schwierigen Situationen ganz ich selbst zu sein.

Mein völlig überraschender Rauswurf war doch letztlich eine Folge meiner Echtheit, Preis dafür, dass ich der damaligen Präsidentin knallhart und unverblümt mitgeteilt hatte, wie sehr ich Protokollstreichungen verabscheue.

Als Folge davon wird mir hier also ein nettes Intermezzo mit dem Steinbock auf dem Baum geschenkt. Und darum: Anscheinend lohnt es sich, authentisch zu sein. Auch wenn die weiteren beruflichen Perspektiven unklar sind. Zum Glück braucht es nur die Gegenwart, nicht die Zukunft mit all ihren vermeintlichen Absicherungen. Es braucht Gegenwart, in der ich aufrecht dastehen kann wie ein Steinbock auf dem Baum.

Die Verbiegungen hingegen, zu denen ich mich im Leben manchmal habe hinreißen lassen, haben mich, im klaren Licht der Wüste betrachtet, nie glücklich gemacht. Als ich regelmäßig mit Zug und Bus zur Arbeit fuhr, fielen mir oft die unglücklichen Gesichter auf, obwohl das St. Galler Rheintal, in dem ich daheim bin, und Liechtenstein, wo ich arbeitete, in einer wundervollen Landschaft liegen, und niemand hungern oder frieren muss. Aber vielleicht gibt es zu viele, die sich haben verbiegen lassen: davon, was „man" tut oder nicht tut, von angeblichen Notwendigkeiten oder von Chefs, die keinen Widerspruch dulden.

Mein Weg führt stets bergauf, in Richtung des großen Sendemasts. Ob ich bis dorthin komme oder vorher irgendwo meinen Schlafsack ausrolle, ist mir egal.

Jetzt ist der Augenblick, an dem ich den Rhythmus meiner Schritte im Einklang mit dem Rhythmus meiner Gedanken spüre.

Mein Tempo ist hoch. Um die 40 Kilometer bin ich heute schon gegangen. Deshalb bin ich nicht „besser" als jemand, der langsamer unterwegs ist. Wenn ich schnell sein wollte, würde ich mit dem 444er zurück nach Jerusalem fahren. Meine Schritte brauche ich eigentlich nur, weil ich in der Übung der Achtsamkeit so ungelenk bin. Sie dienen lediglich dazu, mich ganz in die Gegenwart zu führen. Weil mein Leben schnell tickt, müssen auch die Schritte schnell sein. Jedes Leben hat seinen Rhythmus, und in meinem Fall ist er kompliziert, unregelmäßig, faszinierend. Meine Schritte helfen, ihn zu spüren.

Ich biwakiere auf dem Hügel neben dem Sendemast auf 815 Metern Höhe. Der Wind pfeift, und ich bin froh um den Biwaksack, den ich über den Schlafsack stülpen kann. Mit klammen Fingern öffne ich mein Notizbuch bei den roten Seiten und schreibe:

*4. Januar: „Geheiligt werde dein Name"*
*Gott ist kein Wunscherfüllungsautomat, denn „heilig" heißt „unverzweckt". Also: „Gott, du mögest nicht verzweckt werden!" Ich erwarte Gott, nicht etwas von Gott. Auch in der Wüste. Beten will ich nur, w e i l Gott da ist. Ich erwarte nichts für morgen, nur für jetzt.*

Allerdings, denke ich, als ich das Buch zuklappe: Einen kleinen Wunsch hätte ich schon noch für morgen, nämlich dass mir das Wasser nicht ausgeht. Dass es die in der Karte eingezeichnete Zisterne nach fünf Kilometern wirklich gibt.

Irgendwie wird es schon gehen.

„Was für ein Tag", murmle ich, „was für ein Tag." Und dann schlafe ich schon.

# ICH GENIESSE MEINE FREIHEIT

*„Dein Reich komme"*
Mt 6,10

„Die Zisterne gibt es nicht mehr", erklärt mir das israelische Pärchen, das immer noch in den Schlafsäcken liegt, während ich schon fünf Kilometer gewandert bin. Es sind die ersten Menschen, denen ich seit Langem begegne. „Doch hier kannst du einen Liter Wasser haben", ergänzt der Mann. Ich könnte ihm um den Hals fallen.

Die beiden gehen den *Schewil Jisrael*, den großen Israelweg, von den Quellen des Jordan bis nach Eilat, von wo ich losgegangen bin. Da nur wenige an einem einzigen Tag so weit wandern wie ich gestern, ist für die meisten das Wasserproblem noch schwieriger. Darum – das ist mir schon gestern auf der Karte aufgefallen – macht der Schewil einen Abstecher hinunter nach Beer Ora unten in der Arava, nicht weit von der Schnellstraße, auf der der 444er fährt.

Zusammen mit den eineinhalb Litern, die ich noch habe, reicht der Liter bis Schacharut, der – abgesehen von Eilat – südlichsten Siedlung auf dem Schewil, die ich in etwa fünf Stunden erreichen dürfte. „Sagt mal, in Schacharut gibt es Wasser, nicht wahr?" – „Ja, natürlich. Das ist ein ganz normales, sehr kleines Dorf."

Warum auch hätte ich mir mehr Sorgen machen müssen, denke ich. Die beiden sind schon weit durch Israel gegangen, und so frage ich sie: „Sagt mal, der Schewil, führt der auch in die Westbank?" Die entsprechende Karte liegt irgendwo in den Tiefen meines Rucksacks, und fragen kostet ja nichts.

„Nein, natürlich nicht. Der führt um sie herum. Wieso, willst du in die Westbank gehen?“ – „Ja.“ – „Die Palästinenser werden dich töten!“ Oh, denke ich, das scheinen also Menschenfresser zu sein. Das haben wir damals in Islamkunde gar nicht gelernt. Ich zwinge meine Gedanken zum angemessenen Ernst und begreife, dass die Palästinenser in den Augen der Israelis, und seien dies auch die nettesten, unkompliziertesten und naturverbundensten wie diese beiden Exemplare hier, tatsächlich so etwas sind wie Menschenfresser.

Ich habe keine Lust auf politische Diskussionen, erzähle den beiden, dass der Weg nach Süden wunderschön ist, und mache mich auf den Weg nach Schacharut. Allen Regeln der Achtsamkeit zum Trotz springen meine Gedanken auf den langweiligen, schier ewigen Abschnitt, der zehn Kilometer danach beginnen und zwei ganze Landkarten von unten nach oben durchmessen wird, schnurgerade auf der Schnellstraße durch die Wüste. Ein Fahrrad müsste man haben …

In Schacharut bauen sie gerade eine Terrasse. „Ja, der Wasserhahn ist dort drüben“, sagen sie. Hier, in dieser lebensfeindlichen Umgebung, wirken die Menschen unkompliziert und freundlich. Schon hänge ich am wichtigsten Wasserhahn Israels.

Nach einer Stunde Wadi mit prächtigen Tamarisken und einzelnen blühenden Hagedornsträuchern habe ich, zum ersten Mal seit Eilat, wieder Asphalt unter den Füßen. Fast wie ein Schock fühlt sich das an. Ein Schulbus kommt, bleibt lustigerweise genau bei mir stehen, spuckt eine lärmende Horde Jugendlicher aus und fährt dorthin zurück, von wo er gekommen ist. Lärmende israelische Jugendgruppen sind mir grundsätzlich unsympathisch, besonders in der Wüste: Sie werfen Abfall herum, lassen CD-Player mit ohrenbetäubender Lautstärke laufen, kurz: Sie sind alles andere als achtsam. Wenn wenigstens Ausnahmen diese Regel bestätigen würden! Jedenfalls ist dieser wilde Haufen, der zu meinem Glück schnurstracks in die Wüste geht, während ich auf der Straße bleibe, eindeutig keine Ausnahme.

Nach fünf Minuten ist es wieder halbwegs ruhig, als ein gepanzertes Polizeifahrzeug kommt. Zu meinem großen Erstaunen wollen die Polizisten meinen Pass sehen. Die Nummer geben sie per Funk durch. Ich verstehe: Das Begrüßungsritual ist auch dann üblich, wenn man den Besucher nach mehreren Tagen wieder in der sogenannten Zivilisation willkommen heißt. Auch diesmal habe ich eine Frage: „Wissen Sie, wo man hier ein Fahrrad herkriegt?" – „Hm, da können Sie mal in Eilat schauen, das wäre das Nächste. Etwa achtzig Kilometer." Nun ja, dann kann ich es auch gleich mal schnell aus der Schweiz holen, denke ich.

Auch das Polizeiauto verschwindet in die Richtung, aus der es gekommen ist. Offenbar haben sie mich mit dem Fernglas erspäht, kombiniere ich. Endlich kehrt Ruhe ein, doch wieder nur für fünf Minuten. Wieder der Schulbus. Er bleibt stehen. Ob ich mitfahren will? Zu Fuß durch ganz Israel wäre schon cool. Andererseits bin ich kein Wanderfundamentalist. So ein paar Kilometerchen? O. K. „Wissen Sie zufällig, wo ich ein Fahrrad bekommen kann?" „Vielleicht haben sie im Kibbuz Neot Smadar eins", antwortet der Busfahrer. „Ich kann Sie hinbringen, es sind nur ein paar Kilometer."

Der Wachposten von Neot Smadar begrüßt mich freundlich. „Ich wollte nur mal fragen, ob ihr vielleicht ein altes gebrauchtes Fahrrad habt." – „Das glaube ich nicht, aber komm doch rein. Du kannst bei uns übernachten und essen – wir laden dich herzlich ein. Weil du auf dem Schewil unterwegs bist."

Warum nicht, denke ich. Biwakieren werde ich noch genug auf diesem Weg. Im Gästezimmer bin ich offenbar heute der Einzige, bemerke ich, als ich meinen Schlafsack auf dem

Bett ausrolle. Auch eine Dusche gibt es – einfach, ein wenig schmutzig, aber wesentlich sauberer als ich.

„Wir haben hier zwei wichtige Regeln: Beim Essen schweigen wir, und Handys sind verboten", erfahre ich. Das sollte kein Problem sein: Ersteres habe ich nun mehrere Tage lang geübt, und Zweiteres hänge ich wenigstens an die Steckdose – natürlich so, dass es niemand merkt.

Das strenge Schweigen lässt mich das Abendessen besonders intensiv genießen und verleiht ihm schon beinahe etwas Klösterliches. Im Gegensatz zu einem Kloster wird aber auf jegliches religiöse Element verzichtet.

„Nur den Vorabend des Schabbat gestalten wir ein wenig originell", erzählt mir Sebastian, ein deutscher Volontär. „Wobei es dann sehr darauf ankommt, welche Gruppe mit der Vorbereitung gerade dran ist." Er lebt für einige Monate in Neot Smadar mit, weil ihn die Lebensform des Kibbuz einfach fasziniert. Die Siedlung, in der ich hier dank Schulbusfahrer gelandet bin, ist, wie ich gerade erfahre, der authentischste Kibbuz überhaupt. Die meisten Kibbuzim haben sich seit der Gründerzeit langsam vom kommunistischen Ideal verabschiedet und sind zu gewöhnlichen Dörfern geworden. Wer nach wie vor ein Idealist dieser Form von Gemeinschaftsleben ist, geht nach Neot Smadar. Ich will mehr von Sebastian über den Kibbuz wissen. „Sag mal: Wo waren die Kinder beim Abendessen? Und warum waren so viele Plätze frei?" – „Das Gemeinschaftsessen ist freiwillig", erklärt mir Sebastian. „Zuerst gibt es die Familie, dann die Gemeinschaft."

Gut, dass Sebastian angehender Agrarwissenschaftler ist. Denn warum hier mitten in der Wüste eine riesige grüne Oase liegt, von deren Früchten sich die ganze Gemeinschaft ernähren kann, interessiert mich schon von Anfang an. „Die Oase, von der wir leben, ist nicht nur hier, sondern hauptsächlich ein paar Kilometer weiter, wo wir riesige Dattelplantagen haben, die wir nach ökologischen Gesichtspunkten betreiben. Das Wasser kommt aus der Tiefe, es liegt seit Hunderttausenden von Jahren dort unten. Es ist leicht salzig, doch zum Bewässern reicht es." – „Aber bei den riesigen Mengen, die ihr braucht: Wann wird euch das Wasser ausgehen?" „Das weiß man nicht", erklärt Sebastian. „Vielleicht reicht es zehn Jahre, vielleicht hundert."

Die Existenzgrundlage dieser einzigartigen Gemeinschaft ist also nicht nachhaltig. Vielleicht bauen sie irgendwann eine Meerentsalzungsanlage in Eilat und pumpen das Wasser herauf, stelle ich mir vor. Wer weiß, was in ein paar Jahrzehnten möglich ist. Vielleicht aber werden sich die idealistischen Menschen hier einfach wieder zerstreuen – in alle Himmelsrichtungen, bevorzugt in nördliche.

Draußen ist es stockdunkel, und weil ich heute schon vor fünf aufgebrochen bin, freue ich mich auf das bequeme Bett. Ich bedanke mich bei Sebastian und allen anderen, die mich viel Gastfreundschaft erfahren lassen, und suche das Häuschen mit meinem Gästezimmer. Doch bevor ich einschlafe, sichere ich noch den theologischen Ertrag dieses Tages.

*5. Januar: „Dein Reich komme"*
*Jede Bitte untersteht dieser Bitte, auch im Vaterunser. Alles, was ich tue, alles, was mit mir geschieht, soll dem Reich Gottes dienlich sein, sonst bringt es nichts.*
*Nun sitze ich im Kibbuz und bin zufrieden.*

Und nun liege ich auch schon.

Der folgende Tag, das Hochfest Epiphanie, im Volksmund Dreikönigstag genannt, beginnt passend mit einem üppigen Frühstück, bestehend aus Schafskäse, Karotten, Zwiebeln, Gemüsemus, Eiern und Tee. Und ebenso wie die

Naturprodukte, die dem Fleiß der Menschen hier zu verdanken sind, genieße ich das Schweigen. Es scheint ein sehr wesentliches Element zu sein, das die Gemeinschaft zusammenhält.

Ich schaue mich im Kibbuz um. Der futuristisch-bunte Wohnturm in der Mitte beherrscht das Gelände, das ich auf drei Hektar schätze. Ob Werkstatt oder Wohnzimmer, ob – meine Augenbrauen heben sich ein wenig – Fahrräder oder Gartengeräte: Allen gehört alles. Normalerweise ist dieses Konzept zum Scheitern verurteilt, wie man in Europa in den Jahren vor und nach 1989 gesehen hat. Der Kommunismus ist jene politische Ideologie, in deren Namen am meisten Menschen ermordet wurden. Doch just im Jahr 1989 wurde dieser Kibbuz hier gegründet, und unter denen, die sich hier freiwillig zusammengefunden haben, funktioniert die Form des Zusammenlebens glänzend. „Es sind Menschen, die in der Wüste ihre Ruhe wollen, die zum einfachen Leben bereit sind und die auf andere Rücksicht nehmen können", erklärt mir Dalia, die schon lange hier lebt.

Ich bin tief beeindruckt. Man staunt im Leben ja immer wieder darüber, was andere zustande bringen – als Künstler, Bergsteiger und Wissenschaftler. So etwas wie hier habe ich noch nie gesehen.

Ich stelle mir vor, dass das Zusammenleben in einer Hinsicht in einem Kibbuz schwieriger als im Kloster ist: Während das Kloster auf Religion gegründet ist, also auf etwas, dem sich die zusammen Lebenden gemeinsam unterordnen, und darum die Grundregeln dort nicht beliebig variiert werden können, ist hier im Kibbuz die letzte Instanz wirklich die Gemeinschaft.

Das Detail, dass ich hier definitiv kein altes Fahrrad kaufen kann, kann ich gut verkraften. Ich grüße den Wachposten, der offenbar auch vormittags freundlich ist, werfe alle

Wanderideale über Bord und strecke an der Straße den Daumen aus.

Der Erfolg lässt nicht lange auf sich warten. Den ersten Kilometer nimmt mich ein Soldat mit, und nur ein paar Minuten später hält ein Geschäftsmann für mich an. Nun werde ich mir die nächsten achtzig Kilometer also einmal von einem angenehm klimatisierten Ledersitz aus ansehen, wie einer der unangenehmeren Abschnitte des Schewil aussieht: rechts und links „firing zone" mit Panzern, die unmittelbar neben der Straße mit Vollgas durch die Wüste rasen und Staubfahnen aufwirbeln, die gut und gerne vierzig Meter hoch sind. Wer auf dieser Straße zu Fuß geht, muss nicht nur Wander-, sondern auch Militärfreak sein – eine vermutlich seltene Kombination.

Die Tachometernadel zeigt auf 170 Kilometer pro Stunde. Der Geschäftsmann scheint es wirklich eilig zu haben. Umso weniger ist er ein paar Minuten später begeistert über die Straßensperre. „Sie testen wieder so eine Bombe. Ach, diese blöden Bomben hier immer." Und ich hatte immer gedacht, die Bombenbauer seien die anderen. Schon wieder etwas gelernt.

Nach zehn Minuten vernehmen wir in der Ferne einen gedämpften Knall, und weiter geht es, wieder mit 35-fachem Wandertempo. Auf der Karte weiß ich genau, wo ich aussteigen will, doch wo die Stelle in der Realität ist, kann ich dem eiligen Geschäftsmann beim besten Willen nicht sagen. Zumal er auch nicht einen kleinen Moment warten kann, bis ich Karte und Landschaft in Übereinstimmung gebracht habe.

Erst am Ortseingang von Mitzpe Ramon steige ich aus. Die Stadt liegt oben am Rand eines riesigen Kraters namens Maktesh Ramon, auf den ich nun einen atemberaubend schönen Blick habe. Anstatt mich über mangelnde Kartenkenntnisse zu ärgern, freue ich mich daran und schaue den

Steinböcken zu, die hier ohne jede Scheu an die Straße kommen und soeben eine süße gelbe Frucht gefunden haben. Im Dezember 1995 waren wir dort unten durch den Krater gewandert, jeder mit zwei Schlafsäcken im Gepäck. Es war so kalt, dass den äußeren Schlafsack frühmorgens eine dünne Eisschicht umhüllte – kein Vergleich zu den geradezu sommerlichen Temperaturen jetzt.

Auch einen Sonnenbrand hatte ich damals im Hochwinter in der Wüste nie bekommen – anders als in diesen Tagen. Weil ich keine Creme habe, binde ich mir den Winterschal um den Nacken.

Vor 24 Stunden noch fühlte ich mich als Ausnahmesportler, und nun fühle ich mich als das Gegenteil – zumal ich jetzt einen Bus brauche, um wieder richtig hinein in die Wildnis zu kommen. Doch sportlich fühlen kann ich mich, wenn ich wieder zurück in den Alpen bin.

Vor 24 Stunden noch bin ich auf Schacharut zugegangen, ohne zu ahnen, wer und was mir alles begegnen würde. Gerade das Unvorhergesehene ist kostbar. Allmählich kommt mir meine ganze Reise vor wie eine riesige grüne Oase inmitten meines derzeit nicht ganz einfachen Lebens. Ich bestaune noch immer den Maktesh Ramon mit der Farbenvielfalt seines Gesteins und genieße den Augenblick.

## SEGEN FÜR DIE BENEDIKTINER, FÜR BAR-ON UND FÜR MICH

*„Dein Wille geschehe wie im Himmel so auf Erden."*
Mt 6,10

Hier ist der tollste Biwakplatz, den man sich vorstellen kann: Das Quellwasser plätschert, das Feuer knistert, die Sterne leuchten, und warm ist es auch. Ein guter Platz, um das Notizbuch hervorzuholen und die roten Seiten aufzuschlagen.

*6. Januar: „Dein Wille geschehe"*
*Ich glaube an einen Gott, der einen Willen hat. Nur so ein Gott ist wirklich Gott. Heute hat es funktioniert: Unter „Dein Wille geschehe" entstand die landschaftlich schönste Etappe. Wobei ich einmal meinen Dickkopf ganz schön durchsetzte, nämlich dass der Bus mich beim oberen Eingang von Ein Avdat absetzen musste.*
*So eine Reise hat spirituell gewissermaßen Modellcharakter: Es geht nicht um viel, doch auch im Kleinen kann man spüren: Die Güte Gottes trägt. Die Reise ist unglaublich schön!!!*

Ich lege das Notizbuch zurück in den Rucksack. Dass jemand am oberen Eingang des Nationalparks aussteigen will, hat der Busfahrer offenbar noch nicht oft erlebt, denke ich, als ich die Details des Tages Revue passieren lasse.

Normalerweise lassen sich die lärmenden und Müll verstreuenden Gruppen am anderen Ende des Parks von Bussen anliefern, traben hindurch und klettern am Schluss die senkrechten Leitern nach oben, mehr als 150 Meter. Zuletzt wartet ein Drehkreuz auf sie, damit niemand wie ich auf die Idee kommt, die Leitern nach unten zu klettern.

Zuerst fand ich die Einbahnregelung reichlich dumm, denn ich muss nun einmal von Süd nach Nord gehen und nicht umgekehrt. Ich hatte einen riesengroßen Umweg nach Osten zu machen, der den ganzen Nachmittag in Anspruch nahm, ja bis zum Dunkelwerden. Nur an wenigen Stellen hätte es eine Möglichkeit gegeben, irgendwie nach unten zu gelangen, doch dazu hätte ich ein Seil gebraucht.

Ich erblickte Felsen, die wegen der Winderosion wie furchterregende Drachenköpfe aussahen, und begann allmählich, den weiten Weg um den Canyon herum zu genießen. Und nun bin ich auf einem markierten Weg nach unten gelangt, direkt zu einer Quelle, um die herum die wunderlichsten Pflanzen gedeihen. Gerade beim Dunkelwerden konnte ich noch ein wenig Feuerholz sammeln.

Zufrieden schaue ich in die Flammen, die um meinen alten Aluminiumtopf züngeln. Es war höchste Zeit, auf dieser Wanderung einmal ein kleines Lagerfeuer zu entfachen, denn schließlich hatte ich es Bruder Josef versprochen. Er ist Studienpräfekt an der Dormitio und hatte mir zum Abschied versichert, dass die Benediktiner für mich eine Kerze anzünden würden, während ich unterwegs sei. „Eine Kerze habe ich nicht, aber für euch Benediktiner zünde ich ein Lagerfeuer an“, hatte ich geantwortet. Erst ein paar Stunden später, im 444er nach Eilat, spürte ich wegen dieser versprochenen Kerze ein tiefes Gefühl von Freude, ja von Rührung. So eine Kerze ist ein Gebet – oder eine Gebetsverlängerung – ohne Worte.

Und mein Lagerfeuer auch. Einfach etwas massiver, unberechenbarer und wilder, wie es eben zu mir passt.

Die kleinen Dampfbläschen am Boden meines Topfes beginnen zu singen. Das haben sie 1995 auch schon so gemacht

– es ist immer noch derselbe Topf, nur sind mehr Dellen darin.

Ob mit oder ohne Kerze oder Lagerfeuer: Dass man für andere beten kann, das glaube ich bestimmt. In meinem Studium hatte mich einmal die Frage umgetrieben, ob dies nicht ungerecht sei: Der eine hat Fürsprecher, der andere nicht. Und die Antwort, die ich darauf gefunden hatte, begann meine ganze Theologie zu prägen. Sie lautete nämlich, und lautet immer noch so: Hör auf, rein theoretisch-akademische Fragen zu stellen, frage nie abgehoben nach Dingen des Glaubens, sondern stelle theologische Fragen immer als du selbst, mit deiner Persönlichkeit und deiner Geschichte. Und dann ist die Frage viel einfacher: Für wen könntest du beten, und wer sollte für dich beten?

Das Wasser sprudelt plötzlich. Als nach einiger Zeit das Feuer auch dem garantiert letzten Bakterium aus der Quelle den Garaus gemacht hat, schiebe ich den Topf zur Seite.

„Männertee" steht auf den Beuteln, von denen ich in nun ein paar hineinwerfe. Eine Freundin aus Liechtenstein hat sie mir in den Adventskalender gepackt – eine besonders schöne Form, mich indirekt zu begleiten.

Nach meiner Teezeremonie schlafe ich, das sanfte Plätschern des Wassers in den Ohren, schnell ein.

Die ganze Schönheit der kleinen Oase wird mir erst am anderen Morgen bewusst. Gerade hier, die schier endlose Steinwüste bis zum Horizont, wirkt das Grün besonders stark, wie ein Feuerwerk des Lebens.

Fast bedauernd lasse ich es hinter mir, die Sonne im Gesicht und vor mir ein Bergrücken von vielleicht 200 Metern Höhe, den es erst einmal aufzusteigen gilt. Von oben sehe ich in gewaltiger Breite das Nahal Zin. Nach der üppigen Oase wirkt die Wüste fast doppelt so trocken und lebensfeindlich. Unten stoße ich auf einen Beduinen, der auf seinem Esel reitet, sein Kamel neben ihm. Schnell ist das seltsame Trio, nach Minuten schon bin ich wieder allein.

Noch nie auf meinem Weg war die Wüste so flach, so heiß, so weit. Es ist keine Weite, die mir Angst machen würde, sondern von dieser Landschaft gehen eher Erhabenheit und Friede aus.

Oft, denke ich, ist mein Leben viel zu kurzatmig: Es baut sich Spannung oder Angst auf, ein Problem, eine Herausforderung, ich komme irgendwie hindurch – gut gegangen! – und weiter. Doch nun schafft die Weite der Wüste den Raum zum Dank. Was für ein Privileg, hier wandern zu dürfen, 31 geschenkte Tage, die Sorgen weit weg, die Sinne ganz im Hier und Heute! Ich habe den Eindruck, dass die Kerzen der Benediktiner besonders wirksam sind.

Der Fluss, der hier vielleicht alle paar Jahre einmal fließen mag, hat sein Bett im Laufe der Jahrtausende so tief gegraben, dass ich immer wieder ein Fleckchen Schatten finde. Es ist zwar Hochwinter, doch jetzt, in der Mittagszeit, ist die Hitze so gewaltig, dass ich von einem Schatten bis zum nächsten fliehe, Wasser trinkend, immer wieder rastend. Und doch liebe ich die Sonne. Besonders seit gestern, seit sie dank Winterschal meinen Nacken nicht mehr verbrennt. An die Ohren kommt sie nicht, da mein Tiroler Filzhut breit genug ist, und die Nase liegt ohnehin im Schatten, da ich nach Norden unterwegs bin. Und so kann ich mir genüsslich vorstellen, wie unser Haus daheim in Eis und Schnee versinkt.

Nachdenklich und zufrieden durchmesse ich mit langen Schritten das Nahal Zin, bis der Weg nach links abbiegt. Hier also geht es hinauf zum Rand des Großen Kraters, des Maktesh Gadol. Der Horizont wird plötzlich eng; der Weg führt ein steiles Wadi hinauf. So leicht das Wandern in der Ebene war, so anstrengend ist es hier. Höhenmeter um Höhenmeter kämpfe ich mich weiter. Sogar leichte Kletterstellen sind dabei.

Vor mir liegt plötzlich ein kleiner Pool mit Wasser. Die Felsen rechts und links sehen schwierig aus. Ohne allzu lange zu zögern wate ich durch die hellbraune Brühe. Das Wasser reicht etwas höher, als ich geschätzt hatte: Die Landkarte, die außen unten am Rucksack steckt, wird zur Hälfte nass, und mit Schrecken denke ich daran, dass auch mein Daunenschlafsack ganz unten im Rucksack liegt.

Als der Boden unter den Schuhen wieder trocken und heiß ist, blicke ich zurück: Mist, ich hätte die Felsvariante nur probieren müssen. Von hier aus sehe ich, wie einfach sie gewesen wäre. Nun also gilt es, den Rucksack auszuräumen und ihn mit dem Schlafsack zu verzieren.

Zufrieden betrachte ich bald mein Kunstwerk und schultere es. Und kaum vergeht eine halbe Stunde, höre ich plötzlich Stimmen. Beinahe unwirklich sind sie, doch eindeutig. Und schon steht ein Vater mit drei Söhnen vor mir. Die Zizit, die Fransen des Untergewandes, verraten sofort, dass es sich um gläubige Juden handelt.

„Woher kommst du?“, will er wissen. „Aus der Schweiz.“ – „Meine Vorfahren kommen auch aus der Schweiz, aus Baden im Aargau.“ – „Ich komme aus Altstätten im Kanton St. Gallen“, antworte ich. Als ich ihm detailliert beschreiben muss, wie unser Kantonswappen aussieht, stelle ich bei meinem Englisch einen gewissen Nachholbedarf fest.

„Mein Vater hat in Deutschland gelebt, bis 1933“, erzählt der Mann, und ich denke: Dann hat sein Vater vermutlich kluge Eltern gehabt, die damals schon ahnten, in welcher Katastrophe das Dritte Reich enden würde, und schon am Anfang abgehauen sind.

Nach zehn Minuten Gespräch fragt mich der Mann: „Darf ich dich noch um etwas bitten?“ – „Worum denn?“ – „Ich gehe mit meinen drei Söhnen den Schewil. Bar On, der mittlere, hat bald Bar Mitzwa, und die Wanderung durch ganz Israel ist mein Geschenk zu diesem Fest. Unterwegs bitte ich die Leute, denen wir begegnen, einen guten Wunsch in meinen Fotoapparat zu sprechen. Er hat nämlich eine Videofunktion. Könntest du etwas sagen? Am besten fängst du mit ‚Massel tov, Bar On' an …"

Ich bin gerührt, fühle mich geehrt und spreche einen kurzen Segen in die winzige Linse. Auch Bar On ist gerührt. Wir verabschieden uns voneinander, und irgendetwas drängt mich dazu, innerlich noch aus ganzem Herzen einen Segenswunsch anzuhängen: Bar On möge ein Friedensstifter werden.

Dieser Gedanke beschäftigt mich so sehr, dass ich den Weg verliere. Viel zu weit westlich erreiche ich Stunden später den Kraterrand. Die Schönheit der Aussicht raubt mir fast den Atem. Senkrecht bricht die Kraterkante hier nach unten ab, wo ich im Schatten vier wilde Kamele ausmache. Unerreichbar und majestätisch, sind sie für mich wie vollkommene Symbole der Freiheit.

Obwohl ich nun schon seit Tagen damit beschäftigt bin, meine eigene Wildheit und Freiheit so richtig zu genießen: Die Kamele sind mir überlegen. Weder müssen sie ihr Wasser mühsam auf dem Rücken tragen, noch müssen sie sich – was mir morgen blühen wird – an Ladenöffnungszeiten orientieren, um etwas zwischen die Zähne zu bekommen.

Passt gut auf euch auf, Kamele!

Für mich wird es die nächsten Stunden heißen, auf der Gratkante zu bleiben. Lange aber wird das Sonnenlicht heute nicht mehr reichen.

Genau in dem Moment, als ich den höchsten Punkt des Kraterrandes erreiche, geht die Sonne unter. Bald muss ich die Stirnlampe einschalten, um sicher weitergehen zu können. Der Kraterrand ist so scharf, dass er keinen Biwakplatz bietet. Erst als es stockdunkel ist, finde ich, was ich suche. Im Osten, tief unter mir, sehe ich die unzähligen Scheinwerfer einer Fabrik. „Phosphatfabrik“, lese ich in meiner Landkarte und stelle fest, dass Letztere inzwischen wieder ganz trocken ist.

Heute war ein langer, intensiver Tag. Todmüde fingere ich mein Notizbuch aus dem Rucksack und beginne zu schreiben.

*7. Januar: „Wie im Himmel, so auf Erden“*
*Es gibt also nicht nur die Erde, sondern sie ist – man sieht dies in der Weite der Wüste – umgeben vom Himmel. Ich spüre, dass ich im Gesamtgefüge von Himmel und Erde lebe.*
*Die orthodoxe Liturgie begreift sich ja als Abbild der himmlischen Liturgie. Doch die Vaterunser-Bitte sagt mir: Auch das, was in der profanen Welt passiert, kann Abbild des Himmels sein.*

Vielleicht sogar mein ganz profaner Schlaf, den ich mir nun redlich verdient habe, denke ich.

## WETTLAUF MIT DEM SCHABBAT

*„Unser tägliches Brot gib uns heute."*
Mt 6,11

Die Nacht ist kurz. Noch vor halb vier Uhr stehe ich auf. Denn Bar Ons Vater hat gestern meine Vermutung bestätigt, dass die Geschäfte heute, am Freitag, um zwei Uhr, zumachen. Bis dann muss ich also in Dimona sein, um Lebensmittel kaufen zu können, vor allem Brot.

Der Blick auf die Karte sagt mir: Es könnte knapp werden, doch wenn alles normal läuft, sollte es reichen.

„Unser tägliches Brot gib uns heute", heißt die heutige Vaterunser-Bitte. Unerhört passend, finde ich.

Als der Morgen dämmert, wird der Grat, auf dem ich wandere, recht scharf: Links geht es senkrecht hinunter, und auf meiner Seite ist der Fels etwa 35 Grad geneigt. Ich genieße diesen luftigen Abschnitt und bin ein bisschen traurig, als der Schewil Jisrael plötzlich nach rechts hinunterführt. Soll ich oben auf dem Grat bleiben? Auch hier ist ein Weg, blau markiert, doch vielleicht führt er nicht weiter über den Grat, sondern irgendwann nach links in den Krater. Und wer weiß, wie weit es auf dem Schewil hinuntergeht? Vielleicht ist es ja nur ein ganz kurzer Abstieg. Die Karte weiß dummerweise nichts von einem blau markierten Weg.

Ich entscheide mich für die langweiligere Variante. Nach einer halben Stunde finde ich mich ganz unten in der Ebene wieder, und nun wird der Schewil geradezu irrational: Er führt in eine Art Rohr, durch das ich nur gebückt hindurchgehen kann. Über mir verläuft die Eisenbahntrasse, die die

Phosphatfabrik einige Kilometer südlich von mir mit Dimona und dem Rest der Welt verbindet. Das Rohr nervt. Es ist fünfzig Meter lang, niedrig, hässlich, stinkig und verrät mir nicht, warum ich hier hindurchmuss.

Nach einer Minute stehe ich wieder im Sonnenlicht. Vielleicht hat mich der Weg hierhergeführt, damit ich erst einmal über Phosphat nachdenke. Phosphat ist der wichtigste Dünger, das weiß ich. Am Anfang unseres täglichen Brotes stehen Phosphatfabriken wie das außerirdisch aussehende Exemplar ein paar Kilometer südlich von hier.

Ich habe einmal gelesen, dass die Phosphatlagerstätten unseres Planeten schneller erschöpft sein könnten als die Erdöllagerstätten. Das könnte ich also noch erleben.

Was ist krank an der Menschheit, dass sie sich von der Nachhaltigkeit verabschieden muss, um überhaupt genug zu essen zu haben?

Wir Menschen sind einfach zu viele. Überbevölkerung ist das Hauptelement der meisten großen Menschheitsprobleme. An dieser nüchternen Analyse kann auch mein Glaube nichts verändern, der in jedem Menschen ein Abbild Gottes sieht. Mutter Teresa oder der Papst fanden den Gedanken blasphemisch, dass es der Abbilder Gottes zu viele geben könnte. Ich sehe es trotzdem so, denn nicht nur die Menschen sind Gottes Abbilder, sondern die ganze Natur bezeugt ihren Schöpfer. Ist es nicht viel mehr blasphemisch, ihre Zerstörung dem Menschen „zuliebe“ in Kauf zu nehmen?

Der Schewil führt nun entlang der Eisenbahntrasse, der übliche Müll liegt überall herum – kein sonderlich romantischer Abschnitt. Fast ist es, als wolle er die Tristesse meiner Gedankenwelt illustrieren.

Ohne mir die Frage zu beantworten, warum er mich ins Tal und auf die andere Seite der Eisenbahn geführt hat, geht der Weg wieder zurück – diesmal obendrüber – und führt mich anstrengend, steil und heiß zurück auf den Kraterrand. Und dort ist er auch schon, der blau markierte Weg, mit dem ich wohl eine Stunde gespart hätte.

Ich muss nach Dimona, schnell, sonst sieht es schlecht aus mit dem täglichen Brot, um das ich den lieben Gott schon den ganzen Tag über bitte.

Die Sonne steht im Zenit, als mich der Weg an die Ruinen der spätrömisch-byzantinischen Stadt Mamshit hinaufbringt, der einzigen alten Nabatäerstadt, die noch eine rundum laufende Mauer hat. Schnellen Schrittes eile ich zwischen Baudenkmälern und Erklärungstafeln hindurch, und zehn vor zwei Uhr erreiche ich das erste Außenquartier Dimonas. Menschenleer ist es, alle Vorgärten sind hermetisch abgeriegelt. Ob hier ab und zu eine Herde Ziegen durchgetrieben wird, sodass die Leute Angst um ihre Blumen und Kohlköpfe haben? So etwas Abweisend-Spießiges habe ich selten gesehen.

Ein paar Straßen weiter: Eine junge, bildhübsche Frau mit Zwillingskinderwagen! Sie spricht kein Wort Englisch, doch für die Supermarktbeschreibung reichen meine Hebräischkenntnisse. Es sind einige Ecken und Straßen, und als ich ankomme, ist es 14.10 Uhr. „Der Supermarkt hat um zwei zugemacht", erklärt mir eine alte Frau. Nach bald einer Woche ohne Uhr – ich hatte stets nur auf den Sonnenstand geschaut – bin ich nun kleinliche zehn Minuten zu spät. Nach knapp zehn Stunden „Unser tägliches Brot gib uns heute"… Der heutige Vers ist wirklich unerhört passend: passend, aber un-erhört.

Eine andere alte Frau taucht auf. „Geradeaus und dann rechts – da kommt ein Kiosk."

Fünf Minuten später bin ich dort. Offenbar hat der liebe Gott meine gewiss nicht vermessene Bitte doch noch erhört, denke ich, als ich den Kiosk offen und ganz vorne darin herrliche Brote sehe.

Es sind duftende, knusprige Schabbatbrote mit Sesam drauf. Eines für heute, eines für morgen, beschließe ich. Ein Baum, eine Pause. Das erste Schabbatbrot schmeckt vorzüglich. Als die Sonne etwas niedriger steht (die Uhr habe ich wieder weggepackt), wandere ich wieder. Und meine Gedanken wandern zurück zum Vaterunser. „Unser tägliches Brot". Eigentlich hatte ich die ganze Zeit nur um „mein tägliches Brot" gebetet, wird mir bewusst. Die Milliarde Hungernder – jetzt erst kommt mir in den Sinn, was dieses „unser" eigentlich bedeutet. Und das Phosphatproblem vom Morgen macht es auch nicht leichter, um „unser" tägliches Brot zu bitten. Ganz klar: So einfach und nach der Art des Don Camillo, wie ich es soeben modellhaft erfahren habe, ist es mit Gott und seiner Art, Bitten zu erhören, nicht. Auch mir gibt er keine Antwort auf die Frage nach Unrecht, Leid, systematischer Ausbeutung und den Aporien des Bevölkerungsproblems. Hier, die Wüstenstadt im Rücken, ist es schließlich nicht das erste Mal, dass ich darüber nachdenke. Doch eines begreife ich immer mehr: Wie hier in der Wüste mein Speiseplan bescheidener wird, so muss ich auch geistig verzichten lernen. Ich kann nicht auf alles eine Antwort haben. Die Erkenntnis, über die ich zuletzt an der Oase vorgestern Abend nachgedacht habe, trifft auch die Frage nach dem Leid. Ich kann sie nur von meiner eigenen Existenz her angehen. Das zweite Brot oben im Rucksack kommt mir in den Sinn. Wenn ich zu essen habe, dann habe ich zu danken. Wenn Menschen leiden, dann habe ich Nächstenliebe zu üben. Ich habe die Dinge erst einmal anzunehmen, wie sie sind. Gute wie widerwärtige.

Widerwärtige Dinge? Hier, noch in Sichtweite der Stadt, liegt eine Menge Müll im Wadi. Ärger kommt in mir hoch, denn mir fällt ein, wie mein Arbeitgeber mich achselzuckend „entsorgt" hatte. Nicht ganz ohne Ironie beginne ich im

Rhythmus meiner Schritte zu meditieren: „Ich bin kein Sondermüll, und Restmüll schon gar nicht." Langsam wird der Müll weniger. Immer mehr kommen die kleinen Osterglocken zur Geltung. Die Meditation mit dem leisen innerlichen Schmunzeln tut gut.

Sonnenuntergang. Es ist sauber um mich herum. Schnell geht es mit dem Dunkelwerden. Ich rolle die Isomatte aus, sammle Holz, und ich spüre: Die Dinge annehmen, wie sie sind, muss ich nicht nur, sondern kann ich auch. Ich ahne: Ich werde von Gott – trotz aller Schwierigkeiten, die auf mich zukommen werden – nicht allein gelassen.

Ich greife nach dem Notizbuch und beginne wieder zu schreiben.

*8. Januar: „Unser tägliches Brot gib uns heute."*
*Die einzig „handfeste" Bitte. Nicht um die Erfüllung aller möglichen Bedürfnisse wie Sicherheit oder Anerkennung sollen wir bitten, sondern nur um Brot, und nur für heute. Griechisch „ton árton epiousion", „nötiges" Brot oder so. Heute konkret wichtige Bitte, sehr passend. Dass gerade sie heute dran war, hat mich getröstet. Und was ist das für gutes, frisches Brot, das ich nun habe!*
*Nach dem Einkaufen genoss ich das Brot wie schon lange nicht mehr. Oder wie noch nie?*
*„Unser" Brot: Wie den Segen (jenes Thema, das mich zwischen Ein Avdat und dem Krater so beschäftigt hat), so kann niemand auch das Brot ganz für sich alleine haben wollen. Anfrage an mich: Bin ich nicht abgestumpft gegenüber den Meldungen betreffend Hunger? Hunger ist ein Skandal – doch was tun?*
*Im ersten Stundengebet der Dormitio-Mönche, bei dem ich nach meiner Ankunft dabei war, wurde Basilius der Große zitiert (sein Festtag war am 2. Januar): „Lieber we-*

*gen allzu naivem, gutgläubigem Schenken gerichtet werden als wegen Hartherzigkeit verurteilt."*

Ich packe das Notizbuch wieder weg. „Ich setzte den Fuß in die Luft, und siehe: sie trug" – diesen Satz von Hilde Domin hatte mir eine Freundin mit auf die Reise und mit auf die Zeit der Arbeitssuche gegeben. Sollte diese Reise ein kleines Modell meines Lebens sein?

Todmüde, doch innerlich vergnügt beschließe ich am Ende dieses dichten Tages: Ich will es tun. Den Fuß in die Luft setzen. Sie wird tragen.

# KAMELE, SCHAFE, EIN ESEL UND ZWEI GEPFLEGTE DAMEN

*„Vergib uns unsere Schuld"*
Mt 6,12

Heute ist also Schabbat. Viel davon mitbekommen werde ich voraussichtlich nicht. Als Dormitio-Student war ich am Schabbat oft in der Wüste beim Wandern, zusammen mit Christiane und Hansjörg. Ein richtig gutes Wanderteam waren wir: Hansjörg, über zwei Meter groß, zurückhaltend und stets überlegt, Christiane mit der Figur einer Marathonläuferin, sehr vorsichtig und immer mit zehn Litern Wasser zu viel im Rucksack, und ich, der ich meistens irgendein verrücktes Ziel im Kopf hatte. Auch mit meinen damals erst 21 Jahren hatte ich schon viel alpinistische Erfahrung gesammelt. Der Gründer des Studienjahres und Studiendekan, der Benediktinerpater Laurentius Klein, pflegte mich anderen meist vorzustellen mit: „Und hier, das ist Christoph Klein. Stellen Sie sich vor – der war in der Woche vor dem Studienjahr noch auf dem Matterhorn." Das hatte Eindruck auf ihn gemacht, auch wenn das Matterhorn kein besonders schwieriger Berg ist.

An einem Schabbat machte einmal der Kirchenhistoriker Christoph Markschies mit den meisten von uns Studierenden einen Ausflug in die Wüste, natürlich nur ein Zehntel so weit, wie sonst Christiane, Hansjörg und ich zu wandern gewohnt waren. Hauptziel war ein Höhlenkloster mit vorislamischen Fresken aus dem 6. Jahrhundert.

So alte Fresken im Nahen Osten sind recht selten, denn normalerweise fielen bildliche Darstellungen den Bilderstürmen der frühen Muslime zum Opfer. Der Grund, warum sie die Fresken jenes Klosters nicht angetastet hatten, besteht in der Unzugänglichkeit: Das Kloster liegt nicht nur weit von jeglicher Siedlung entfernt, sondern vor allem braucht man ein Seil, um von oben durch Abseilen zum Eingang zu gelangen, der mitten in einer senkrechten Felswand liegt.

Um Gewicht zu sparen, hatte ich aber darauf verzichtet, mein Seil aus Europa nach Jerusalem mitzunehmen. Im Keller des Beit Josef fand ich nur ein Hanfseil, vielleicht acht Millimeter dick.

Als nun die kleine Expedition um Professor Markschies den Felsabbruch mitten in der Wüste erreicht hatte, begriff ich, dass der Abbruch so hoch ist, dass ich das Seil nicht einmal würde doppelt nehmen können. Doch die faszinierende Aussicht, die Klosterhöhle betreten zu können, war stärker als die Sicherheitsbedenken: Ich band das Seil fest und seilte mich ab, im klaren Wissen darüber, dass es nicht völlig ausgeschlossen wäre, dass mir der nächste Seilmeter den Tod bringt.

Wie man liest, brachte er ihn nicht. Ich erreichte das Kloster und staunte über den im Großen und Ganzen neuwertigen Erhaltungszustand der Fresken aus dem 6. Jahrhundert. Die Höhle wurde nach hinten hin so dunkel, dass mir das Lämpchen des Fotoapparates behilflich sein musste, damit ich die Gemälde überhaupt ausmachen konnte. Ich fotografierte alles, damit wir die sakralen Kunstwerke anschließend wissenschaftlich auswerten konnten, und seilte mich am Schluss weiter ab, bis zum Fuß der Felswand. Es war für mich ohne Zweifel der archäologisch aufregendste, aber zugleich gefährlichste Moment des Studienjahres gewesen, und auf mein Anraten hin wurde auch bald ein modernes Nylonseil angeschafft, sodass die Expedition von den Teilnehmern der folgenden Studienjahre gefahrlos wiederholt werden konnte.

Nach einigen Jahren erfuhr ich aber, dass die Fresken abgefallen seien, was meinem Herzen einen Stoß versetzte.

Meine Gedanken machen solche Ausflüge in die Vergangenheit, weil der Weg äußerst eintönig ist. Nach Arad bin ich unterwegs. Laut Karte geht es einen halben Tag nach Nordosten und dann einen halben Tag nach Nordwesten, so einfach. Ich bin mit dem ersten Teil beschäftigt. Heiß ist es, und es gibt kaum Schatten.

Nach längerer Zeit des Dahintrottens finde ich mich plötzlich inmitten einer Herde Kamele wieder. Von Pater Laurentius weiß ich, dass eine so große Herde normalerweise jemandem gehört. Der Kameltreiber verbringt manchmal einen oder zwei Tage damit, seine Herde oder auch ein einzelnes dazugehörendes Tier zu finden. Wem diese Tiere wohl gehören? Schon lange habe ich keine Beduinenzelte mehr gesehen.

„Hallo, wem gehört ihr?" Ich weiß schon: Auch wenn die Kamele sprechen könnten, würden sie nie zugeben, jemandem zu gehören – so stolz wie sie in die Landschaft blicken.

Die Muslime kennen 99 Namen Gottes, wie etwa „der Barmherzige" oder „der Großzügige". Sie erzählen sich, dass das Kamel den hundertsten Namen weiß und darum so stolz ist. Es ist verrückt: Seit ich das vor 14 Jahren gehört habe, muss ich bei jedem Kamel daran denken.

Für mich ist Gott jetzt und hier vor allem der Langmütige: Ich stelle mir vor, wie er mitgeht, egal wie langweilig der Weg auch sein mag.

„Vergib uns unsere Schuld" ist ja heute mein Vaterunser-Vers. Fast kommt es mir vor wie eine Bußaufgabe, über eigene Schuld nachzudenken und um Vergebung zu bitten, so ähnlich wie am Beginn einer Messfeier. Dort kommt es mir manchmal sehr billig vor, dieses Schuldvergeben. Im Gegensatz dazu unternehmen im Markusevangelium die Leute geradezu alles, als sie das Dach abdecken, damit Jesus dem Gelähmten, der in Kafarnaum durch das Dach hinuntergelassen wird, die Sünden vergibt.

Und auch hier, auf meinem langen Weg, wenn ich diese Bitte einmal ganz ernst nehme, dann wird sie alles andere als billig: Meine Schuld – was ist das? Schuld gegenüber Gott, gegenüber mir, gegenüber den anderen?

Dass da ein Gott ist, der Schuld vergeben kann – ist das nicht die stärkste Botschaft der Befreiung?

So düster, wie dieser Schuld-Vers für mich immer geklungen hat, ist er eigentlich gar nicht.

Zum mindestens zehnten Mal nehme ich nun den Kompass aus der Hosentasche. Die Richtung der Staubstraße passt mir immer weniger: Mittlerweile gehe ich kaum mehr nach Norden, sondern vor allem nach Osten.

Mit einem mulmigen Gefühl bleibe ich der Straße trotzdem noch treu, doch als sie eine südöstliche Richtung einschlägt und außerdem nach unten führt, setze ich einen Punkt und gehe völlig weglos schnurstracks nach Nordwesten. Offenbar hat sich der Schewil Jisrael hier in Luft aufgelöst.

Die Hitze nimmt nun, zur Mittagszeit, sogar zu, der Weg geht außerdem steil bergauf, und irgendetwas an meinem rechten Fuß tut auch noch weh.

Hier, weitab von der Staubstraße oder einem markierten Pfad, fühle ich mich total in der Wildnis. Eine hellbraune Schlange huscht zur Seite, sonst herrscht absolute Leblosigkeit. Steine, steile Hänge, und immer nach Nordwesten. Plötzlich sehe ich, vielleicht zweihundert Meter entfernt von mir, einen Mann, zwei Frauen und ein paar Schafe. Der Mann hebt die Hand zum Gruß, und ich tue es ebenso. Damit ist die Kommunikation beendet.

Zu fressen haben die Schafe hier selbst Anfang Januar nicht viel. Wahrscheinlich warten Mensch und Tier hier sehnlich auf den ersten Regen und die zarten Grashalme, die in der Wüste einen fast unwirklichen sanften Flaum bilden – so, wie ich es vor 14 Jahren im Negev so gut wie überall gesehen hatte.

Minuten nachdem ich sie erblickt habe, verschwinden die drei mit ihrer kleinen Herde hinter einem Hügel.

Nun bin ich wieder „in the middle of nowhere". Es gibt nicht oft die Situation, dass man, so weit das Auge reicht, auch nicht die kleinste Zivilisationsspur entdeckt. Doch hier ist es so. Ich schaue den Hang hinauf nach oben – dort scheint die Welt einfach aufzuhören. Und je weiter ich nach oben komme, desto mehr Spannung baut sich auf.

Schließlich erreiche ich die Kante, ab der das Gelände allem Anschein nach flacher wird, und stehe ganz unvermittelt auf einer breiten Straße mit grüner Markierung. Nun muss ich ein gutes Stück nach Westen, um nach Arad zu finden. Dass es plötzlich so flach ist, genieße ich außerordentlich. Nach einer halben Stunde kommen zwei Beduinenkinder auf mich zu. Einer der beiden Buben reitet auf einem Esel.

Ob ich etwas zu essen hätte? Weil sie die Ersten auf meiner ganzen Reise sind, die mich so etwas fragen, teile ich mit ihnen großzügig einen Riegel aus der Notration – aus biologischem Anbau, phosphatfrei sozusagen. Doch dieses edle Produkt schmeckt ihnen überhaupt nicht; sie spucken es sogar aus. Ich bin richtig sauer darüber, dass sie keine besseren Manieren haben. Andere Kultur hin oder her: Das tut man nicht.

Dass jemand mit Bergstöcken wandert, haben sie offenbar noch nie gesehen. Jedenfalls wollen sie auch mal die Bergstöcke haben. Doch sobald ich es ihnen erlaubt habe, bereue ich das auch schon wieder: Ihnen kommt nichts Besseres in den Sinn, als mit einem Stock auf ihren Esel einzustechen! Ich protestiere lautstark und mache mich auf den Weg.

Sind diese Kinder durch den täglichen Umgang mit Tieren einfach abgestumpft? Wie sie mit ihrem Esel umgehen, tut mir weh, und wenn sie mit ihren Hunden auch so umgehen, dann wundert es mich nicht mehr, dass Beduinenhunde fast immer einen unerzogenen und brutalen Eindruck machen.

Arad steigt vor mir auf, eine gesichtslose Stadt, doch Hauptsache, man kann etwas zu essen kaufen. Als ich den letzten kurzen Hang hinaufgekrabbelt bin, stehe ich vor einem teuren Hotel, das einen Internetzugang verspricht. Die junge Dame an der Rezeption gibt mir ein Zettelchen, doch leider funktioniert das Internet nicht. Ich solle ein wenig warten, meint sie. Ich setze mich auf ein Sofa und lasse meine Augen schweifen. Die Dame war freundlich, doch ob sie es insgeheim hasst, dass so schmutzige, berucksackte Typen wie ich hier aufkreuzen?

Eine ältere, äußerst gepflegte Dame setzt sich neben mich und fragt, woher ich komme und wo ich übernachten wolle. „Na, in der Wüste", antworte ich. „Aber wenn dann Schlangen und Skorpione auftauchen?" – „Also, wenn Skorpione im Schlafsack sind, muss man ganz ruhig bleiben. Dann bleiben sie auch ruhig. Und Schlangen – na ja, man sollte halt nicht direkt drauftreten." Es ist wirklich witzig – gerade heute habe ich erstmals eine Schlange gesehen, die sich über den heißen Wüstenboden schlängelte, und nur Stunden später schon bin ich als passionierter Schlangenexperte gefragt.

Die Dame reißt die Augen auf, und sichtlich beeindruckt von meiner enormen Wüstenkompetenz wünscht sie mir einen guten Weiterweg.

Den trete ich sofort an, zumal das Internet noch immer nicht funktioniert. Ein Zwischenstopp in einem Lebensmittelladen, wo ich auf Russisch meine Wurst kaufe, und bald schon liegt Arad hinter mir. Es ist bereits dunkel, und nach ein paar hundert Metern sammle ich Holz, rolle meine Matte aus, probiere vom Saft, den mir meine Russischkenntnisse ebenfalls ermöglicht haben, und schaue auf Kompass und Karte: Der Checkpoint, auf dem ich in die Westbank gelangen kann, muss im Nordwesten, nämlich genau bei den beleuchteten Türmen liegen, die ich im Dunklen ausmache. Auf sie werde ich morgen zuhalten.

Ich zücke mein Notizbuch, um an der Stelle mit dem heiligen Basilius fortzufahren.

*9. Januar: „Vergib uns unsere Schuld"*
*Unsere Schuld, nicht nur meine. Also auch die Schuld derer, die mir Böses getan haben. Das ist eigentlich eine geniale, friedensstiftende Bitte. Auch wenn es schwierig zu beten ist, dieses „unsere". Noch schwieriger als die Wegfindung heute. Aber nun kann ich sie beten – zumal die „anderen" ja auch um Vergebung „unserer" Schuld beten sollen.*

*Die Nacht bricht über Halhul herein.*

*Männerabend mit engagierten Lehrern der Salah-ad-Din-Schule*

*Daher Nassar und seine Familie treten konsequent für den Frieden ein.*

*Graffito an der Mauer um das Rahelgrab in Betlehem*

*Daoud und Daher Nassars Weinberg*

*Diese Schildkröte nannte ich nach der bekannten palästinensischen Biologin und Friedensaktivistin spontan Sumaya.*

*Die Namen für den Barmherzigen und Einen hängen direkt übereinander am Isaak-Kenotaph in Hebron.*

# IN DIE WESTBANK

*„Führe uns nicht in Versuchung"*
Mt 6,13

Dort, wo ich jetzt bin, ist ein großer Magen so hilfreich wie lange Beine in der Wüste. Gut, dass ich über beides verfüge.

Dass die Palästinenser ein gastfreundliches Volk sind, habe ich ja schon immer gewusst. Aber wie Sharif das wenige, das er hat, mit mir teilt, und wie zuvorkommend er mich behandelt, auch wenn ich mich auf Arabisch kaum verständigen kann, das beeindruckt mich tief.

Obwohl es erst halb sieben Uhr abends ist, hat er mir schon gute Nacht gewünscht. Ich liege in seiner guten Stube. 25 Quadratmeter mag sie groß sein, ohne Mobiliar, doch auf dem Boden ringsherum Matratzen, auf denen man liegt, egal ob man zuhört, wie Sharif auf seiner einsaitigen Gitarre Musik macht und singt, oder ob man isst – oder eben, wie jetzt bald schon, schläft. Allein bin ich nun in diesem Zimmer, allein wie die nackte Glühbirne, die Sharif irgendwo aufgetrieben hat und die nun für Helligkeit sorgt.

Draußen ist es dunkel, und meine Gedanken lassen den Tag Revue passieren.

Dunkel war es auch, als ich aufgebrochen bin, immer die beiden Türme im Visier. Nach einer Stunde etwa kam das Schild „firing zone", doch alles war ruhig, kein Fahrzeug war zu sehen, und die zerschossenen Betonbauten waren verwaist. Ohne lange zu zögern, lenkte ich meine Schritte ins militärische Übungsgebiet und war froh, bald hinter dem ersten Hügel verschwunden zu sein, falls doch noch der eine oder andere Soldat auftauchen würde. Von denen soll es ja einige geben im Land.

Doch es geschah nichts. Nach einer Stunde hatte ich die „firing zone“ durchschritten, und nun begann der anstrengende Aufstieg. Die Westbank hat hier im Süden nämlich den Charakter eines Hochplateaus. Geschätzte 250 Höhenmeter musste ich erst einmal nach oben. Die Schmerzen am rechten Fuß, die sich gestern bemerkbar gemacht hatten, plagten mich immer mehr. Eine Schildkröte sorgte ein wenig für Aufmunterung, und sofort hatte ich einen Namen für sie: Sumaya. Die gleichnamige Biologin, Buchautorin und Friedensarbeiterin will ich in der Westbank noch besuchen.

Das Hochplateau ist viel grüner als die Wüste der letzten Tage: Blumen, Mandelbäume und kleine Äcker zwischen den Felsplatten prägen eine sehr liebliche Landschaft.

Nach der Begegnung mit Sumaya musste ich ein wenig nach Osten, und zwar durch einen richtigen Wald (den letzten hatte ich in der Schweiz gesehen) und vorbei an der Siedlung Metzudot Jehudah. Dann endlich kam der Checkpoint in Sicht. Eine Mauer gab es hier nicht, und auch der Checkpoint sah sehr ruhig und friedlich aus. Als ich hindurchging, rief mir der Soldat nur zu, ich solle den rechten Bürgersteig benutzen, nicht den linken. Das war alles.

Hier in der Westbank scheint es keine normalen Wanderwege zu geben. Doch der Kompass leistete treue Dienste. Immer wieder suchte ich nach kleinen Fahrwegen, die sich zwischen kunstvoll angelegten Äckern hindurchschlängeln.

Ich musste an der jüdischen Siedlung Susiya vorbei. Sofort erkannte ich sie: neue Häuser in Reih und Glied und etwas einfallslos, wie in einem eher spießigen Neubaugebiet in der Schweiz.

Plötzlich kamen zwei Siedler auf mich zu. „Wohin bist du unterwegs?“, fragte der eine. „Nach Jatta“, antwortete ich. „Sie werden dich töten", hörte ich dann, auf dieser Reise immerhin schon das zweite Mal. „Ich bin aus der Schweiz, für mich als Neutralen ist das kein Problem", antwortete ich und zeigte auf meine Anstecknadel des Schweizer Alpenclubs an meinem Filzhut – der ideale Schutz vor jeglichen feindlichen Kugeln. „Aber für mich ist es ein Problem", meinte der Mann. Siedler haben manchmal recht seltsame Probleme.

Immerhin schien er sich für meine Schweizer Ansteckna-del zu interessieren. „Sag mal, kann ich die haben?", fragte er. Doch für mich kam das nicht in Frage. Erstens werde ich sie noch brauchen, und zweitens kriegt ein Siedler sie ohnehin nicht. Jüdische Siedlungen in der Westbank sind nach internationalem Recht illegal, und ihre Bewohner behindern allein schon durch ihre Präsenz den Frieden im Nahen Osten massiv. Das habe ich stets so gesehen und werde es auch weiterhin so sehen. Auch wenn der Siedler auftaute und mich in seine Hütte führte. Er servierte mir Tee und selbstgemachten Grapefruitsaft von bester Qualität, und er erklärte mir, dass das, was wie einer der berühmt-berüchtigten ungenehmigten Außenposten einer Siedlung aussieht (ein solcher wäre sogar nach israelischem Recht illegal), ein Bauernhof sei, der einen normalen Bestandteil der Siedlung darstelle. Der Bauernhof werde nun von einer Frau geleitet, nachdem vor neun Jahren der Bauer von „den Arabern" getötet worden sei. Unterstützt werde er von Geldern aus den Niederlanden und den USA.

Der Siedler erzählte mir auch von seinem Vater: Vor dem Holocaust sei er nach Südafrika ausgewandert und kurz nach 1948 nach Israel gezogen.

Die Farm, das fiel auf, war tipptopp in Ordnung. Auch die kleinste Fläche war ausgenutzt. Wirklich liebevoll waren die Siedler mit „ihrem" Land umgegangen. Auch wenn sie dabei gegen internationales Recht verstoßen hatten. Ein bisschen kann ich mich nun in die Perspektive der Siedler von Susiya hineindenken, die seit zwei Generationen dieses Stück Erde bebauen.

Mir fiel auf, dass keine Mauer Susiya umgibt. „Nein, das ist nicht nötig“, erklärte mein Gastgeber. „Hier dreht abends ab und zu ein Soldat eine Runde; das genügt.“ Offenbar hatten hier Siedler und Palästinenser einen Weg gefunden, um nebeneinander zu leben.

Der Siedler verabschiedete mich mit dem Hinweis, dass der Weiterweg nach Jatta wunderschön sei und durch Olivenhaine verlaufe.

Ich verabschiedete mich herzlich dankend. Der Weg war wirklich zauberhaft – auch wegen der Mandelbäume, die derzeit in schönster Blüte stehen. Nach einiger Zeit kam mir der Gedanke, dass in die Abschiedsworte des Siedlers wohl auch sein Bedauern darüber gemischt war, dass er selbst sich hier nicht so frei würde bewegen können.

Als ich die ersten Häuser von Jatta erreichte, war ich schon müde. Ein arabischer Kaffee, der wäre jetzt recht, dachte ich. Seit Jahren hatte ich keinen mehr getrunken! Doch kein Wirtshaus, keine Bar ließ sich blicken in diesem ärmlich-bäuerlichen Außenquartier. „Es kannt mi eigentlich amoi oana eilodn“, murmelte ich zu mir selbst, denn Selbstgespräche führe ich am liebsten auf Bayrisch. Drei Sekunden später war es so weit – und seither sitze ich bei Sharif, trinke Kaffee, erzähle von meiner Reise und erhalte Einblick in Sharifs Familienleben – allerdings nur partiell. Seine Frau, die den köstlich-frischen Salat und das Omelett zubereitet hat, bekomme ich nie zu Gesicht.

Außerdem stelle ich betrübt fest, dass Sharif sich bei seiner Tochter, die die guten Dinge hereinbringt, nie bedankt, was ich umso ausführlicher tue. Hier, das spüre ich, geht es patriarchalischer zu als bei christlichen Palästinensern oder bei solchen, die eine hohe Schulbildung haben.

Ob Sharifs Frau und Tochter sich so entfalten können, wie es ihren Begabungen und ihrem Selbst entspricht?

Sharifs Vater taucht auf, und ich beobachte, wie er pünktlich und, soweit ich mich an meine Islamkundevorlesungen richtig erinnere, völlig korrekt sein Abendgebet verrichtet. Die klare, vorgegebene Körpersprache, die eindeutige Uhrzeit, die immer gleichen Worte: Diese einfachen Elemente sind sicherlich auch ein Grund für die derzeitige weltweite Stärke des Islam. Auch wenn Sharif selbst seine Religion etwas weniger streng zu praktizieren scheint: Der Islam prägt das Leben seiner Familie. Ich sehe es an den religiösen Postern an der Wand, und auch die Alltagssprache birgt viele religiöse Elemente: „Unser Brunnen ist gut, Allah sei's gedankt!“, sagt Sharif, und seine Handygespräche beendet er mit dem Abschiedsgruß „Allah segne dich!“

Was der Barmherzige, gepriesen sei er, im Unterschied zum Abendgebet von Sharifs Vater nicht täglich zu sehen bekommt, ist mein rechter Fuß. Doch auch wenn mir eindeutig der Mut fehlt, mich zum ziemlich verdreckten „guten Brunnen“ zu wagen, ziehe ich heute doch einmal den rechten Socken aus, um den Fuß genauer anzuschauen. Ein Prachtexemplar einer Blase, bilanziere ich. Die erste seit über 15 Jahren.

Der Kompass lässt sich leicht öffnen. Ich nehme die Nadel heraus, ziehe einen Eiskletterhandschuh an, halte damit die Nadel und bediene mit der anderen Hand das Feuerzeug. Als mein originelles Operationswerkzeug ganz bestimmt desinfiziert ist, wage ich einen vorsichtigen Stich. Das Wundsekret läuft nicht gleich heraus, aber nach drei, vier Nadelstichen klappt es.

Es ist Zeit, Tagebuch zu schreiben. Nachdem ich einige Fakten in den blauen Teil notiert habe, folgt wieder der rote.

*10. Januar: „Führe uns nicht in Versuchung"*
*Wenn es im Leben nichts Schönes gäbe, gäbe es auch keine Versuchung: Ein schöner Berg steht da, und schon riskiere ich Kopf und Kragen, eine schöne Blume, und schon will ich sie abrupfen, oder „die zarteste Versuchung", nämlich Milka-Schokolade – und schon werde ich fett. Na ja, nicht gleich, aber nach ein paar hundert Tafeln vielleicht.*
*In Versuchung geraten will ich also ganz gerne. Versuchung ist prickelnd. Und darum ist die Bitte „Führe uns nicht in Versuchung" gar nicht so einfach. Es ist die Bitte um ein heiligmäßiges Leben. Man kann sie nur beten, wenn man die Sünde so hasst, dass man nicht einmal eine Versuchung will.*
*Also mir fällt die Bitte schwer. Eine Bitte um „Leben in Überfülle" (Joh 10,10) läge mir viel näher.*
*Na, wenigstens das „uns" macht diese Bitte etwas leichter. Wie viel schöner wäre mein Leben, würden die Menschen um mich herum nicht dauernd in Versuchung geführt. Obwohl: Wäre es wirklich schön, wenn ich von Menschen umgeben wäre, die absolut gar nichts prickelnd finden?*

Meine Gedanken kommen nicht weiter, ich bin müde und stehe nur noch auf, um den Arm zu strecken und die heiße Glühbirne ein Stück herauszudrehen, damit sie ausgeht. Morgen sollte ich nicht allzu spät aufbrechen. Ich will nach Halhul, einen Vorort von Hebron, fahren und den Lehrer Ahmed Milhem besuchen. Ein Priester hat mich auf ihn verwiesen und mir seine Nummer gegeben. In der Westbank, das spüre ich, muss ich meine Mobilität ändern. Wandern werde ich nur wenig. Schon heute habe ich gemerkt, dass man oft entweder auf befahrenen Straßen oder durch sorgsam gepflegtes Ackerland geht. Beides ist zum Wandern ähnlich optimal wie die Blase an meinem Fuß. Stattdessen will ich wissen, wie die Palästinenser leben, was sie lieben und woran sie leiden. Und wissen will ich auch, was sie für den Frieden tun.

# EINE EINDRÜCKLICHE BEGEGNUNG

*„... wie auch wir vergeben unseren Schuldigern."*
Mt 6,12

Ich bin beruhigt: Die Effizienz und Leichtigkeit des öffentlichen Verkehrs ist seit 1996 nicht schlechter geworden. Man steht offenbar auch nicht dauernd vor irgendwelchen Checkpoints, von denen auf meiner Computerkarte viele hundert, über die ganze Westbank verteilt, eingezeichnet sind.

Nach dem letzten Tee bei Sharif verzichtete ich auf den allerletzten und verabschiedete mich mit allen Dankesformeln, die meine Arabischkenntnisse hergaben. Ich bin wieder unterwegs. Dank einem schnellen Sammeltaxi bin ich schon in Halhul, und Ahmed habe ich auch schon angerufen. Wir treffen uns direkt an der Salah-ad-Din-Schule, nahe des höchsten Punktes der Stadt. Als ich die Schule erreiche, redet mich ein Taxifahrer an und fragt, woher ich sei. Schon oft habe ich die Frage gehört, und irgendwie habe ich mir angewöhnt, den Israelis zu antworten, ich sei aus der Schweiz, und den Palästinensern, ich sei aus Deutschland – schließlich stimmt ja beides. Doch der Taxifahrer interessiert sich wirklich für meine Herkunft und fragt: „Und Sie wohnen auch in Deutschland?" „Nein, in der Schweiz", antworte ich. „Ah, Schweiz! Ich habe vom Minarettverbot gehört", sagt er prompt. „Ja, hm, ich bin nicht ganz glücklich damit, aber wenigstens die Menschenrechte tastet das Verbot nicht an ...", beginne ich gerade, doch der Taxifahrer fällt mir ins Wort: „Ach, für mich ist das gar kein Problem. Die Schweiz ist ein christliches Land, und da braucht man nicht unbedingt Minarette!" Die Direktheit, mit der die Palästinenser mitten in heikle Fragen hineinsteuern, und die Unbekümmertheit, sich darin zu bewegen, hat mir schon immer gefallen.

Wenige Minuten später stehe ich vor Ahmed. Er ist ganz herzlich und behandelt mich fast so, als wäre ich Mahmud Abbas persönlich. Ahmed und der Direktor namens Ali zeigen mir die ganze Schule, und ich bin beeindruckt: Die Klassenstärke ist mit vierzig Kindern zwar vergleichsweise groß, doch ausgerüstet ist diese Schule ähnlich gut wie eine in der Schweiz: eine gute Bibliothek, ein Computerraum, wenn auch ohne Internetzugang, und – für mich am eindrücklichsten – ein Mikroskop mit Kamera, die es erlaubt, ein Präparat mittels Beamer der ganzen Klasse zu präsentieren.

Erinnerungen steigen in mir auf, besonders an jenen Moment, als wir in der Schule eine Zwiebel aufschnitten und ein Häutchen davon mikroskopierten: Es war das erste Mal für mich, dass ich einzelne biologische Zellen sehen konnte! Wir hatten den Luxus, dass wir diese Übung in einer kleinen Klasse durchführen konnten und jeder Schüler ein Mikroskop bekam. Doch auch mit der Einer-für-alle-Lösung hier in Halhul können die Schüler den Wundern des Lebens auf die Spur kommen, und das ist wichtig.

„Die Schule ist erst sechs Jahre alt, und wenn man eine Schule gründen will, dann gibt einem die palästinensische Autonomiebehörde nur das Gebäude. Doch wie man sie einrichtet, darum muss man sich selbst kümmern. Ohne großzügige Hilfe aus dem Westen könnten wir dir hier lange nicht so viel zeigen", meint Ali.

Die wertvollste „Ausrüstung" der Salah-ad-Din-Schule ist aber der engagierte Lehrkörper. Wie Pech und Schwefel halten die Lehrer zusammen, inspirieren sich mit didaktischen Ideen – und feiern ab und zu. Für heute Abend haben sie eine zünftige Party geplant, und ich frage mich, ob sie sie anlässlich meines Besuches sogar spontan organisiert haben. Jedenfalls freue ich mich riesig darauf.

Zum Mittagessen lädt Ahmed mich zu sich nach Hause ein: Eine aufgeräumte Junggesellenwohnung ist das, mit einer Fülle an mikrobiologischen und biochemischen Fachbüchern, arabischen und englischen. Ja, Englisch spricht mein Gastgeber zu meiner großen Freude perfekt. Endlich kann ich ihn zu dem Thema befragen, das ihn schon ein wenig berühmt gemacht hat, nämlich zur Dramamethode.

„Weißt du", erklärt er, „ich lasse die Schüler oft etwas spielen. Zum Beispiel atomare Bindungen. Einerseits stärkt das das Selbstwertgefühl, andererseits identifizieren sich die Schüler mit dem Inhalt. Nett sind auch so kurze, lustige, ein bisschen moralinsaure Sketche, bei denen die Schüler zum Beispiel sehen, dass es sich nicht lohnt, bei der Prüfung zu betrügen. Aber wir spielen auch ganz große Dramen", fährt Ahmed fort und schaltet seinen Computer ein. Er zeigt mir die Bilder einer beachtlichen Schultheatergruppe und einer mit Zuschauern übervollen Aula. „Das war das Drama von einem kleinen Buben, der einerseits in die Schule gehen, doch sich andererseits um einen Ölbaum kümmern musste. Doch plötzlich stand die Mauer zwischen dem Zuhause und dem Ölbaum, und der Bub konnte nicht mehr in die Schule, sondern blieb Tag und Nacht bei seinem Ölbaum. Doch bald gab es auch kein Wasser mehr, und so gab der Bub sein Blut für seinen Ölbaum. Daran starb er am dritten Tag. Die Eltern liebten den Baum sehr. Doch die Mauer wurde weitergebaut, und der Baum musste weg. Der Vater protestierte dagegen und wurde erschossen. Die Israelis rissen den Baum aus, und Blut strömte aus der Erde."

Ich frage mich, ob diese Geschichte wirklich dem Frieden dient. Na ja, immerhin ist es eine Geschichte, die die Leute dort abholt, wo sie sind: Es sind Leute, die enteignet wurden oder die durch israelisches Militär nahe Angehörige verloren haben, besonders bei der Niederschlagung der zweiten Intifada 2002.

Die Wut zum Thema zu machen ist vielleicht besser als ein nach westlichen Maßstäben politisch korrektes Theater.

Einem Ahmed, der so etwas mit seinen Kindern auf die Bühne bringt, dem glauben sie wenigstens, wenn er ihnen sagt, dass Gewalt nie etwas bringt – weder auf dem Pausenhof noch gegenüber den Israelis. „Ich will, dass sie die Gewalt verabscheuen", sagt er.

Am Nachmittag lässt er mich an seinen Computer; er selbst muss nach Betlehem, wo er sich als Kellner ein paar Schekel nebenbei verdient. „Vom Lehrerberuf allein kann hier niemand leben", klärt er mich auf. „Andere haben zum Beispiel einen kleinen Laden."

So viel Fleiß beeindruckt mich. Hätte ich an Ahmeds Stelle die Energie, unter diesen Umständen noch höchst intensive Sonderprojekte an der Schule zu veranstalten?

Auch ich will so etwas Ähnliches wie fleißig sein und schreibe an meinem Blog. Die Frage, ob ich für einen Monat nach Israel fliegen solle oder nicht, hatte damals, also vor zwei Monaten, vor allem davon abgehangen, ob ich genügend journalistische Verträge abschließen können würde, um Flüge, Unterkunft und Essen davon bestreiten zu können. Der wichtigste Vertrag entstand mit dem Liechtensteiner Volksblatt: Ich sollte eine mindestens 14-teilige Blog-Serie veröffentlichen. Nach Deutschland, Jerusalem, Eilat und Neot Smadar ist heute Teil 5 der Reihe fällig. Seit meinem überraschenden Besuch im Kibbuz ist derart viel geschehen, dass der heutige Beitrag der bisher längste wird.

Es tut gut, die Gedanken zu ordnen und auf den Bildschirm zu bannen; das Aufschreiben des Erlebten ist fast so ein Gefühl wie das Ausatmen nach dem Einatmen.

Als ich schließlich Ahmeds Computer herunterfahre, kommt mir in den Sinn, dass auch beim Vaterunser noch etwas fehlt, und ich nehme wieder mein Notizbuch zur Hand.

*11. Januar: „… wie auch wir vergeben unseren Schuldigern“*
*hatte ich eigenartigerweise vergessen. Für mich ist das ja schon in der Bitte um Gottes Vergebung („vergib uns“) teilweise impliziert, auch wenn ich selbst dort noch nicht vergeben muss. Hier jedenfalls ist es ganz direkt und deutlich. Vergeben: Kann ich es,*

Das Komma am Schluss ist für mein Gefühl irgendwie das Ehrlichste, denn ob der Satz mit einem selbstmitleidigen „*obwohl*“ oder einem klar unterscheidenden „*falls*“ weitergehen soll, weiß ich nicht. Offenes könnte für mich fruchtbarer sein als Abgeschlossenes. Die Frage, ob ich denen, die mich gedemütigt haben, vergeben kann, ist für mich nun einfach noch nicht abgeschlossen.

Ahmed kommt zurück und reißt mich aus den Gedanken. Wir fahren in seinem alten Auto los und laden noch ein paar weitere Lehrkräfte ein. Schließlich verlassen wir die eigentliche Stadt Halhul. Ganz am Rand, wo nur noch einzelne Häuser stehen, bleibt Ahmed stehen. Zu Fuß steuern wir eine hübsche kleine Villa an, in der noch andere Lehrer sind – in allerbester Feierlaune. Sie bereiten gerade die Salate für die gemeinsame Party vor, und ich bekomme immer noch nicht heraus, ob sie heute oder schon vor vielen Tagen geplant wurde. „Das wird der beste Abend auf deiner ganzen Reise“, prophezeit mir Ahmed. Ich glaube es ihm aufs Wort – allein schon wegen der verheißungsvollen Salate. Hauptelement palästinensischer Salatkunst sind Limonen, die samt Schale in feine Würfel geschnitten und hinzugegeben werden, sowie die bitteren Kräuter, die für einen unverwechselbaren Charakter sorgen.

Wie es sich für Muslime gehört, gibt es keinen Alkohol, sondern nur Cola, Limonade und eine kreisende Wasserpfeife, deren Apfelaroma sogar mir notorischem Nichtraucher gefällt. Das Fleisch auf dem Grill scheint kein Ende zu nehmen, jedenfalls werden unsere Mägen ziemlich gefordert.

Es ist eine reine Männerrunde mit ihrer ganz eigenen Atmosphäre. Wir genießen sie alle.

Und doch wird um halb zehn aufgeräumt, und um zehn machen sich alle auf den Heimweg. Denn der arbeitsame Ahmed, aber auch andere seiner Lehrerkollegen, müssen noch Chemieprüfungen korrigieren. Eine Weile schaue ich ihm noch zu und registriere nicht ohne Vergnügen, dass ich die eine oder andere Frage auch noch hätte beantworten können. Doch bald falle ich voller Dankbarkeit in einen tiefen Schlaf.

# PALÄSTINAS WICHTIGSTES EXPORTPRODUKT

*„Erlöse uns von dem Bösen."*
Mt 6,13

Wo ich jetzt bin, ist ein heiliger Ort. Und ich genieße diesen Ort wie eine Forelle einen frischen Bach.

Ich befinde mich in einer Höhle, die trotz dem prosaischen alten Computer und mancher Unordnung, die sich in den letzten Jahren hier angesammelt haben mag, gemütlich ist.

Die Höhle liegt oben in einem Hügel, und dieser Hügel ist Daouds und Dahers Weinberg. Als es noch Tag war, konnte ich es die ganze Zeit sehen: Alle anderen Hügel ringsum – es sind drei an der Zahl – sind von jüdischen Siedlungen zugebaut, und überall dort bewegen sich emsig Baukräne und Bagger.

Aus der Zeitung weiß ich, dass derzeit eigentlich ein Siedlungsmoratorium gilt: Es darf nicht an Siedlungen weitergebaut werden, die sich innerhalb von Palästinensergebieten befinden. Doch Ausnahmen gibt es eine ganze Reihe.

Der Weinberg, auf dem ich bin, behauptet sich auf dem einzigen Hügel ohne Siedlung. Unscheinbar ist er, und bescheiden sind seine Gebäude. Die dominierende Farbe des Hügels ist die der Hoffnung: Bäume und Sträucher zeigen dem Fremden schon von Weitem, dass ihn hier etwas Besonderes erwartet.

Trotzdem war ich heute nicht sicher, ob ich den richtigen Hügel gefunden hatte. Ich war von Halhul mit dem Sammeltaxi Richtung Betlehem gefahren und an einer Stelle, die ich mir notiert hatte, ausgestiegen. Als ich dann allein irgendwo an der Schnellstraße stand, merkte ich, dass ich doch nicht ganz am richtigen Ort war, und setzte meinen Weg zu Fuß fort. Ein ganzes Rudel Rehe huschte über die sorgsam terrassierten Felder, und ich hatte es fast so eilig wie sie: Für Punkt zehn Uhr hatte ich mich mit Daoud am Eingang seines Anwesens verabredet.

Je näher ich allerdings seinem Hügel kam, desto unsicherer wurde ich. Auf der Fahrstraße war ein meterhoher Wall aufgeworfen, der auch einem Geländefahrzeug jedes Weiterkommen verunmöglicht hätte. Laut Karte aber musste es genau stimmen, sodass ich mich weiter vorwagte, bis ich, ziemlich hoch schon am Hügel, vor einem verschlossenen weißen Tor stand – ohne jegliche Anschrift.

Mit dem Handy rief ich Daoud an und beschrieb ihm meine Position. „Ja, das stimmt schon. Ich komme ein paar Minuten später, doch mein Bruder wird dich hineinlassen!"

Und tatsächlich: Bald schon tauchte ein verschmitztes Männlein mit einem liebevollen Gesicht samt typisch palästinensischer Knollennase auf: Daher Nassar.

Er begrüßte mich herzlich und zeigte mir die überschaubare Anzahl von kleinen, aber liebevoll hergerichteten Gebäuden. Auch einige Höhlen befinden sich auf dem Anwesen, darunter auch der Andachtsraum, den Daher und Daoud bewusst weder eindeutig christlich noch eindeutig muslimisch gestaltet hatten.

Was mir Daher erzählte, ergänzte die Informationen, die ich mir schon von der Schweiz aus besorgt hatte: Der Familie von Daoud und Daher gehört schon seit über neunzig Jahren dieser Weinberg. Doch nach und nach wurden israelische Siedlungen rund um diesen Ort aus dem Boden gestampft, und Israel versucht seit 1991 mit allen Mitteln, diesen Hügel zu enteignen, um ein weitgehend geschlossenes Gebiet inmitten der Westbank zu bekommen. Die Familie konnte die Besitzurkunde vorlegen und unvorstellbare bürokratische Hürden meistern – stets mit dem Wahlspruch: „Wir weigern uns, Feinde zu sein".

Doch Daoud und Daher machten aus diesem Ort noch wesentlich mehr, nämlich eine Schule des Friedens – eine Vision, die schon ihr Vater gehabt hatte. Viele Gruppen kommen aus aller Welt hierher, um bei der Olivenernte oder beim Baumpflanzen mitzuhelfen und den Frieden zu lernen.

Daoud tauchte auf und stieg aus seinem Lieferwagen. Ich erfuhr etwas später, dass es eine zwar lange, aber funktionierende Straße gab, nämlich über das Palästinenserdorf Nahalin. „Hallo, Christoph", hieß er mich willkommen, „schau nur, was ich dabeihabe: Piniensamen, Aussaaterde und Blumentöpfchen!" Wir sahen uns zum ersten Mal, doch die Begrüßung war so, als hätten wir schon Wochen zusammen gearbeitet und gestern wäre dummerweise das Material ausgegangen. „Fangen wir an", antwortete ich mit der gleichen Direktheit, und Minuten später waren wir schon an der Arbeit. Wir steckten Kern für Kern jeweils in einen Blumentopf, denn, so erfuhr ich, Pinien züchtet man zuerst als Setzlinge an.

Die Monotonie der Tätigkeit erlaubte Daoud, mir manches zu erzählen – in fast akzentfreiem Deutsch übrigens, denn Daoud hatte in Österreich eine mehrjährige, sehr intensive Bibelausbildung besucht.

„Jetzt im Januar ist es ruhiger bei uns, doch im Laufe eines Jahres kommen so um die 4000 Palästinenser, Israelis und Besucher aus anderen Ländern zu uns", erklärte er. Ich verstand: Die Lehre vom Frieden ist so etwas wie Palästinas wichtigstes Exportprodukt.

Daoud fuhr fort: „Vor einiger Zeit war sogar eine Siedlerfrau bei einer Besuchergruppe. Gerade als ich erzählte, dass wir hier keine Wasserleitung haben, sondern einzig und allein auf Regenwasser angewiesen sind, unterbrach sie mich. Ich dachte: O Gott, jetzt bringt diese Frau alles durcheinander. Doch was sie sagte, war: ‚Wir in der Siedlung da drüben haben einen Swimmingpool.' Diese Frau sagte auch: ‚Ich beginne nun zu begreifen, dass die Palästinenser Menschen sind.' Seither kommt sie immer wieder, sogar mit ihrem Mann."

Daoud erzählte von einem anderen Siedler, einem 10-jährigen Buben mit Revolver, der plötzlich auf dem Weinberg stand und zu ihm mit amerikanischem Akzent sagte: „Ihr habt kein Recht auf dieses Land." Daoud antwortete, wobei sein Hebräisch akzentfrei war: „Doch, wir haben es gekauft, und zum Beweis haben wir eine Urkunde." „Wir haben die Urkunde von Gott", antwortete der Bub. Da fragte ihn Daoud: „Sag mal, dein Vater kommt aus Amerika?" „Ja", antwortete der Bub. „Und dessen Vater?", fuhr Daoud fort. „Aus Europa", antwortete der Bub. „Und dessen Vater?" „Das weiß ich nicht", musste der Bub eingestehen. „Schau", fuhr da Daoud fort, „mein Vater, mein Großvater, mein Urgroßvater – alle waren immer hier. Wir sind mindestens so ‚israelisch' wie ihr!"

Ein anderer Siedler, erzählte Daoud, „konvertierte" auf dem Weinberg und schwor seinem jüdisch-nationalen Fundamentalismus ab. Er übersiedelte nach Tel Aviv, und seiner Familie, die nicht weit von hier in der Siedlung lebt, darf er nicht mehr vor die Augen treten, solange er Kontakte zu den Palästinensern unterhält. Von ihm stammt die praktische, wassersparende Komposttoilette hier auf dem Weinberg.

An den oberirdischen Gebäuden fielen mir die farbenfrohen biblischen Motive auf. Sie waren aus Scherben gemacht, und zwar von Kindern und Jugendlichen, die hier oben ein Lager verbringen konnten.

„Wenn Kinder so ein Kunstwerk schaffen“, erklärte Daoud, „dann muss man sie lehren, dass es das Gemeinsame ist, was den Erfolg bringt. Das ist mit dem Frieden auch so. Er kommt von den Graswurzeln. Der Friede kommt nie dadurch, dass wir Palästinenser die Opferrolle spielen, sondern immer nur dadurch, dass wir einen konstruktiven Weg gehen.“

„Aber was machst du, wenn du wütend bist?“, wollte ich es etwas genauer wissen. „Ein neues Projekt“, antwortete Daoud lakonisch. „Während des Gazakrieges haben wir die Schüsse und Bomben gehört und den Rauch gesehen. Doch mit der Energie unserer Wut haben wir eine neue Zisterne gegraben.“

Daouds harte Absage an jegliches Gejammer beeindruckt mich. Als ich plötzlich meinen Job verloren hatte, hatte ich auch zu jammern begonnen. Von Perspektivlosigkeit hatte ich gesprochen, denn jemand mit einem Konflikt in seiner Arbeitsbiografie, von dem noch dazu in einer Zeitschrift und im Internet zu lesen gewesen war, hat im harmonieorientierten kirchlichen Umfeld keine Chance mehr.

Im Medienbereich – noch dazu in den jetzigen schweren Zeiten – wird aber auch niemand auf die Idee kommen, mich anzustellen, noch dazu, wenn ich keinen journalistischen Ausbildungsabschluss vorweisen kann.

Und doch: Ich bin halbwegs stark und intelligent und habe eine gewisse Allgemeinbildung – vielleicht ist Perspektivlosigkeit das falsche Wort, nachdem ich heute Daoud davon reden gehört habe, was Perspektivlosigkeit wirklich ist: „Israel will keinen Frieden.“ Abgesehen von den handfesten Hindernissen zum Frieden, nämlich den Siedlungen. Und abgesehen von der immer schwieriger werdenden Frage der Wasserverteilung.

Und trotz dieser Perspektivlosigkeit lebt Daoud für die Hoffnung, die sich vor der dunklen Folie umso heller abhebt. Erst so eine Hoffnung, wie ich sie hier erlebe, ist wirklich christliche Hoffnung und damit mehr als einfach nur Optimismus.

Während mir diese Gedanken durch den Kopf gingen, setzte ich Piniensamen in Blumentöpfe. Daher und Daoud wollen jährlich 1000 bis 3000 Bäume pflanzen.

Gerade als meine Arbeit etwas monoton zu werden begann, verkündete Daoud eine Pause. Zu meiner großen Freude hatte seine Frau einen Kuchen gebacken, der mich sofort an meine Zeit an der Dormitio erinnerte: Über einem fruchtig-süßen Innenleben lag eine Schicht Leibniz-Kekse, die von einem halbdurchsichtigen rosa Tortenguss überdeckt waren. So gut, glaube ich, können nur Palästinenserfrauen diesen Kuchen backen. Ich ließ der Spenderin meine dankbaren Grüße ausrichten.

Vom Kuchen geradezu beglückt, machte ich mich an die Arbeit, deren Monotonie sich nun eher als angenehm erwies. Die Arbeit mit den Händen an der Erde wurde zum Nährboden für meine Gedanken über den Frieden. Dieses Thema betrifft mein Leben so sehr, dass ich beschloss, bis morgen früh hier zu bleiben. Die Botschaft dieses Ortes will ich nie vergessen, da sie mir ein Leben lang wird hilfreich sein können.

Nach dem einfachen Abendessen konnte ich bei den beiden Zivildienstleistenden meinen Blog eintippen, und dann hatten wir drei das große Vergnügen, Skat zu spielen.

Nun also liege ich in meiner Höhle und fühle mich – so kitschig das klingen mag – behütet von Mutter Erde, in der Tiefe dieses so heiß umkämpften Stückes Land. Die Höhle ist älter als jedes Menschengedenken. Jetzt, im Winter, braucht sie keine Heizung, und im Sommer ist sie bestimmt angenehm kühl. Doch das ist nicht der Grund, warum Daoud und Daher sie elektrifiziert, innen verputzt und angestrichen haben. Die oberirdischen Bauten sind für die Israelis sofort sichtbar, und über die Instrumente von verweigerten Baugenehmigungen und von Abrissbefehlen sind sie angreifbarer. Die Höhle aber verkörpert Sicherheit.

Der letzte Vaterunser-Eintrag ist noch fällig. Ein landwirtschaftliches Bild schleicht sich dazu in meinen Kopf.

*12. Januar: „Erlöse uns von dem Bösen."*
*Hier auf dem Weinberg wird mir klar: Das Böse ist der Unfriede. Und für den Frieden kann ich nur den Boden bereiten, doch Gott wirkt.*

Ich lasse die Erlebnisse auf dem Weinberg noch einmal Revue passieren. Eigentlich, denke ich, grenzt es an ein Wunder, dass es den Weinberg noch gibt. So eine Art Konkretisation der Worte aus Mt 5,5: „Selig die Friedfertigen, denn sie werden das Land erben."

# ALS PENDLER ZWISCHEN ZWEI WELTEN

*„Als Jesus die Stadt sah, weinte er über sie."*
Lk 19,41

Am anderen Morgen verbreiten die beiden Zivis eine positive und aufgeregte Stimmung. „Es ist jetzt gerade auf die Welt gekommen", erzählen sie. „Wer? Was?", frage ich. „Das Ziegenböcklein! Schau!" Sie führen mich zu einer kleinen umzäunten Weide. Dort, wo sie leckeres frisches Gras hingelegt haben, steht ein Böcklein auf krummen dünnen Beinchen, doch als es uns sieht, wackelt es schnell zu seiner Mama.

Das starke Symbol frischen Lebens geht mir zu Herzen. Erst ein paar Stunden bin ich hier und bald schon ziehe ich weiter, doch den heiligen Ort habe ich liebgewonnen.

Ich gehe hinüber ins Gewächshaus, wo ich voller Stolz die gut vierhundert Blumentöpfchen gieße, die ich gestern – zum Teil mit Daouds Hilfe – bepflanzt habe.

Schweren Herzens verabschiede ich mich. Nach einem viertelstündigen Fußweg stelle ich mich an die Schnellstraße, die Hebron mit Jerusalem verbindet. Die Bushaltestelle, so muss ich feststellen, wird leider nicht mehr angefahren. Früher muss sie der Anschlusspunkt der jüdischen Siedler von Newe Daniel gewesen sein, doch offenbar haben die Siedler keinen Bedarf mehr an öffentlichem Verkehr. Oder er ist ihnen zu gefährlich. Denn ich befinde mich an einem Ort in der Westbank, zu dem etwa auch die Palästinenser aus Nahalin problemlos gehen können. Solche Orte sind gar nicht mehr häufig; die Separation ist fast umfassend, da zu den meisten Siedlungen – anders als hier im Fall von Newe Daniel – eigene Straßen gebaut wurden, die die Palästinensergebiete zerschneiden, mit hohen Zäunen vom Rest der Welt abgeschirmt sind und von Palästinensern nicht betreten werden können.

Ich halte schon seit einiger Zeit meinen Daumen in den gemischten Verkehr. Doch weder ein israelisches noch ein palästinensisches Auto bleibt stehen. Irgendwann nähert sich ein gepanzertes und vergittertes Auto – offenbar Polizei. Prompt bleiben die Polizisten bei mir stehen. „Kann ich bei Ihnen mitfahren?“, frage ich. Ein Gittermuster im Vordergrund hätte den Blick schließlich nicht allzu empfindlich getrübt. „Nein, das geht nicht. Aus Prinzip“, antworten sie und erklären mir anschließend, dass man in Israel nicht den Daumen nach oben hält, sondern mit dem Finger auf den Boden zeigt.

Gut zu wissen. Dieses nicht unwichtige Detail war damals einfach kein Lerninhalt des Jerusalemer Studienjahrs gewesen.

Weitere zehn Minuten später kommt ein Auto aus der Siedlung Newe Daniel. Diesmal klappt es; der Siedler nimmt mich mit. Ein ganz normales Auto einer ganz normalen kleinbürgerlichen Familie. Neben dem Kindersitz darf ich Platz nehmen.

Ich warte auf die Frage, woher ich gerade komme. Eine Antwort samt Empfehlung, dass man auch als Siedler den Weinberg besuchen kann, habe ich parat. Doch die Frage bleibt aus.

Wir fahren durch einen riesigen Checkpoint und werden, wie die Autos vor uns, einfach durchgewunken. Minuten später rasen wir an einer Riesenmauer entlang, die auf mich bedrohlich wirkt. Sie war vor 14 Jahren noch nicht da – ein erdrückendes Symbol für die Separation. Zwei Völker wollen ein Land besiedeln, doch einander möglichst nicht begegnen. Ein paar Augenblicke später nur, und die Landschaft sieht wieder normal aus: Das Auto will nach Gilo weiterfahren, und ich bitte den Fahrer, mich hier aussteigen zu lassen.

Mein Ziel ist nämlich das Rathaus im Zentrum der Stadt, wo ich mit Meir Margalit zusammentreffe, einem Stadtrat aus dem linken Spektrum, der immer wieder Führungen durch den arabischen Jerusalemer Stadtteil Silwan anbietet, um die israelischen Enteignungen und Häuserzerstörungen zu dokumentieren.

Der Politiker findet klare Worte: Israel sei nicht bereit, den Preis für den Frieden zu zahlen. Und der Preis sei, alles Land, das es nach internationalem Recht illegal genommen hat – also vor allem die Siedlungen in den Palästinensergebieten –, zurückzugeben und sich auf die Grenzen von vor dem Sechstagekrieg 1967 zurückzuziehen. Die Israelis hätten auch dann noch genug Platz, meint er. „Man kann nicht Land stehlen und zur Begründung sagen: ‚Wir müssen wachsen!'" Und das Siedlungsbaumoratorium werde überall unterlaufen und sei nur eine PR-Aktion für die Amerikaner.

Ich sitze dem Politiker gegenüber und kann ihm innerlich nur Punkt für Punkt zustimmen. Eine traurige Illustration gerade des letzten Punktes habe ich auch heute wieder vom Weinberg aus gesehen.

Erstaunen weckt in mir Meir Margalits Einschätzung, dass in den nächsten Monaten etwas Positives passieren wird. „Die Leute sind den Konflikt einfach leid. Und schauen Sie: Gegen das Siedlungsbaumoratorium haben nur zehntausend Menschen demonstriert. Die Rechten hier im Land sind eine Minderheit, und sie sind mehr und mehr in einer Krise."

Der Politiker hat nur wenig Zeit, und bald schon tauche ich wieder ins Gewühl der Stadt ein. Bis zum Damaskustor und dem lebendigen arabischen Souq in der Altstadt sind es nur 200 Meter. Ich muss für das deutsche Liborius-Magazin ein paar Jerusalem-Bilder machen. Da darf der klassische Ölbergblick natürlich nicht fehlen, und der schnellste Weg verläuft durch die Altstadt. Wie gerne würde ich von all den Köstlichkeiten probieren, die hier verkauft werden! Besonders die Süßigkeiten mit Nüssen, Mandeln und Honig und die vielen verschiedenen Backwaren wären jetzt fein! Doch ich spüre, dass meine Verdauung dabei ist, Probleme zu machen, und begnüge mich mit einem „Kamelknochen“, wie ich das O-förmige, mit Sesam bestreute frische Weißbrot schon immer genannt habe.

Nach den eher ruhigen Tagen, die ich bisher verbracht habe, nehme ich den Trubel der Altstadt besonders bewusst wahr. Es ist, als seien meine Sinne geschärft worden. Jeder Händler, jede Marktfrau, jeder Pilger, jedes herumrennende arabische Kind – sie alle haben ihre Geschichte, und oft erzählen schon ihre Körperhaltung, ihr Gesicht davon.

Ich biege nach links in die Via Dolorosa ein. Je weiter ich Richtung Löwentor gehe, desto ruhiger wird sie. Eine ansprechende Kreuzwegstation ist Lithostrotos auf der linken Seite, wo Pilatus das Urteil über Jesus gesprochen haben soll, und ich erinnere mich, dass man dort auf einem römischen Fußboden einige eingeritzte Mühlespiele zeigt. Man kann sich vorstellen, dass die Soldaten sich dort die Zeit vertrieben haben, während Jesus vor dem römischen Statthalter stand.

Doch zieht es mich nicht hinein. Die „normalen“ Pilgerorte – und natürlich gehören die Kreuzwegstationen dazu – muss ich nicht alle wiedersehen. Denn meine Gedanken kreisen darum, ob die politische Situation eine Perspektive hat oder nicht. Der verhaltene Optimismus von Meir Margalit hat mir gefallen, auch wenn es gut sein könnte, dass einfach nur der Wunsch der Vater des Gedankens war.

Ich gehe durchs Löwentor, und schon erblicke ich eine Szene, die mich beklommen macht: Drei israelische Polizisten filzen zwei Palästinenser. Die Körperhaltungen verraten alles: Arroganz und Coolness auf der einen, Angst auf der anderen Seite.

Von der israelischen Polizei durchsucht zu werden, ist an und für sich schon unangenehm; ich weiß das aus Erfahrung. Doch wenn man dann noch Palästinenser ist, bekommt man die De-facto-Zwei-Klassen-Justiz zu spüren. So liegt es zum Beispiel rein in der Willkür israelischer Bürokraten, ob man als Palästinenser, falls man alt genug ist und Familie hat (dies sind die Grundbedingungen), wirklich nach Jerusalem darf oder nicht.

Ich schicke ein Stoßgebet für die beiden Unglücksraben zum Himmel und wende meinen Schritt weiter in Richtung Ölberg. Langsam kommen dabei die riesigen Ausmaße des Tempelplatzes wieder in den Blick. Eigentlich hätte der Tempelplatz samt Tempel zu den Weltwundern der Antike gerechnet werden müssen.

Ich muss schmunzeln, als ich mich wieder an meine Begegnung mit der israelischen Polizei erinnere:

Als Dormitio-Student hatten mich unter anderem die Bauten der Mamluken, die – vor allem im 13. Jahrhundert – reich verzierte Grabstätten westlich des Tempelplatzes erstellten, interessiert. Typisch sind die Steinschnitzereien in den Farben Beigeweiß, Schwarz und Rot und die Vielfalt der Friese, die teilweise auch von der Kreuzfahrerarchitektur her inspiriert sein mochten.

In der Bibliothek hatten wir ein äußerst großformatiges und dickes Buch mit dem Titel „Mamluk Jerusalem“. Ich hatte es ausgeliehen, in meinen Rucksack gepackt und mich auf Entdeckungstour gemacht. Zweieinhalb Stunden sollten locker reichen, dann stand der Termin für das Gruppenfoto an, welches eine der weniger originellen Traditionen des Studienjahrs darstellt. An einem dunklen Winkel der Altstadt, ganz nahe dem Tempelplatz, fiel mir auf, dass das gesuchte Gebäude auf normalen Wegen unzugänglich ist. Doch mit der Karte aus „Mamluk Jerusalem" war mir schnell klar geworden, dass man auf einer Treppe auf ein Hausdach gehen und dort eine kleine Mauer überklettern muss, um bis zum Objekt vorzudringen. Eine Minute später lag die Mauer bereits hinter mir. Eine bequeme Treppe führte in einen Innenhof, auf dem Palästinenserkinder Fußball spielten. Ich sah ein Tor, das auf den Tempelplatz hinausführte, und als ich den Kopf um 90 Grad drehte, erblickte ich auch schon meine mamlukische Fassade! Doch sobald mich die Leute sahen, wurden sie sehr unruhig, und schon stellten mich zwei israelische Polizisten an die Wand und tasteten mich ab. Offenbar hielten sie mich für einen potenziellen zionistischen Extremisten. Nach der Leibesvisitation begannen sie eifrig in ihre Funkgeräte zu plappern, und führten mich dann über den Tempelplatz ab. Mir wurde alsbald die Ehre zuteil, den Polizeiposten gegenüber der Klagemauer von innen zu besichtigen, und die Möglichkeit, die Ursache meines dortigen Besuchs zu erläutern. Vermutlich weil meine Erklärung etwas ungewohnt gewesen war, packten mich die Polizisten in ihr Auto und fuhren mich – mit Blaulicht – um die halbe Altstadt ins Hauptquartier. „Wir könnten doch zu Fuß gehen – das wäre viel kürzer", hatte ich vorgeschlagen, doch offenbar überwogen die Aspekte der Sicherheit diejenigen der Ökologie. Letzteres ist heute wohl auch noch so.

Jedenfalls war ich im Hauptquartier der Dormitio schon viel nähergekommen. Mit Unruhe erfüllte mich nur, dass inzwischen auch der Fototermin äußerst nahegerückt war. Und bald schon war er sang- und klanglos verstrichen, während ich auf den Polizeichef wartete. Schließlich tauchte dieser auf. Er schaute sich das großformatige Buch an und gab mir zu verstehen, dass er die mamlukische Architektur ebenfalls sehr interessant finde. Das Verhör war damit zu Ende. Nur ausweisen hätte ich mich noch schnell sollen.

Der Reisepass aber lag im Studienhaus der Dormitio. Ich hatte mit dem Wüstenwanderfreund Hansjörg telefoniert, der mich kaum eine Viertelstunde später mit einem genüsslichen breiten Grinsen aus meiner misslichen Lage befreite.

Das Gruppenfoto des Studienjahrs 1995/96 zeigt 27 Studierende: 26 von ihnen sind auf den Balkonen des Beit Josef verteilt, und von einem Studenten hat man ein kleines Passfoto auf eine freie Stelle aufgeklebt …

Schwitzend nähere ich mich meinem Ziel, der Dominusflevit-Kirche auf dem Ölberg. Eigentlich bin ich ja nur zum Fotografieren hier, doch nach den Gesprächen heute und gestern und nach all den Eindrücken des Unfriedens, die es in und um Jerusalem gibt, scheint mir diese Kirche in jeder Hinsicht das logischste Ziel. Sie wurde im Gedenken an Lk 19,41–44 errichtet. Dort heißt es von Jesus:

*„Als er näher kam und die Stadt sah, weinte er über sie und sagte: Wenn doch auch du an diesem Tag erkannt hättest, was dir Frieden bringt. Jetzt aber bleibt es vor deinen Augen verborgen. Es wird eine Zeit für dich kommen, in der deine Feinde rings um dich einen Wall aufwerfen, dich einschließen und von allen Seiten bedrängen. Sie werden dich und deine Kinder zerschmettern und keinen Stein auf dem andern lassen; denn du hast die Zeit der Gnade nicht erkannt."*

Das „Altarbild" der Kirche besteht aus einem Fenster, durch das man die Heilige Stadt sieht. In der Mitte des Fensters ist umrisshaft ein Leidenskelch angedeutet. Wer hätte je die Pilger zählen können, die hier für die Stadt gebetet haben, im Vertrauen auf Jesus, der gerade in dieser Stadt gelitten hat?

Auch ich bin nun einer dieser unzähligen betenden Pilger. Ja, ich bin geworden, was ich vor meiner Abreise nicht geplant oder gedacht hätte: ein Pilger, den dieses kämpfende und um Frieden kämpfende Land, den diese Stadt, über die man auch heute weinen muss, zutiefst betrifft und auf eigenartige Weise beschenkt.

# GEBETSZETTEL IN DER KLAGEMAUER

*„Wenn ich dich je vergesse, Jerusalem,*
*dann soll mir die rechte Hand verdorren."*
Ps 137,5

Beim Dunkelwerden besuche ich den arabischen lutherischen Pfarrer der Stadt, Ibrahim Azar. Ich frage ihn, ob die ganze Situation auch seine Theologie beeinflusst. „Die Leute hier nehmen die Bibel wörtlich", erklärt er mir, „nicht in dem Sinne, dass sie glauben, die Welt sei in sechs Tagen erschaffen worden, sondern bei Versen wie ‚Liebt eure Feinde!' Alle palästinensischen Christen lehnen die Gewalt ab." Der Pastor erzählt von Begegnungen, zum Beispiel zwischen seinen lutherischen Palästinensern und israelischen messianischen Juden. Letztere bezeichnen Jesus als Messias (griechisch „Christos"), doch ihr Jüdischsein ist ihnen sehr wichtig, was dazu führt, dass sie besonders stramme Zionisten sein wollen. Ein palästinensischer Christ, erzählt Pastor Azar, fragte bei der Begegnung einen messianischen Juden: „Würdest du mich erschießen, wenn es Befehl wäre?", und erhielt die Antwort „Ja." Und damit war das Treffen beendet, schließt der Pastor.

Übernachten darf ich bei Pastor Azars Diakon Andreas, der aus Deutschland kommt und sich über den unerwarteten Besuch freut – und darüber, dass sein Gästezimmer einmal wieder genutzt wird.

Anderntags lerne ich eine weitere wichtige Figur der lutherischen Gemeinde kennen, den Vikar Ashraf Tannous.

Tagtäglich fährt er von Ramallah nach Jerusalem – natürlich mit dem Bus, da er auf israelischem Boden gar kein Auto fahren dürfte.

Manchmal muss er über zwei Stunden am Checkpoint warten, gedemütigt durch die israelische Polizei, die etwa zur Hauptverkehrszeit von fünf Durchgängen nur einen oder zwei öffnet. „Sie wenden keine physische Gewalt an, aber ich habe den Eindruck, dass sie sich vor dem Einschlafen immer eine neue Schikane für den anderen Tag einfallen lassen", sagt er.

Als ich ihn frage, was das alles für seinen Glauben an den guten Gott bedeute, meint er: „Jesus wurde gekreuzigt, und mein Volk wird an den Checkpoints ‚gekreuzigt'. Im Blick auf den Gekreuzigten bekomme ich aber Kraft, das ohne Gegengewalt auszuhalten." Ich will wissen, ob er Meir Margalits Optimismus teilen kann, doch er meint nur: „Vielleicht wollen sie irgendwann Frieden, weil sie den Konflikt leid sind. Doch wirklich im Innersten Frieden zu wollen – das ist etwas anderes."

Den Nachmittag bin ich kreuz und quer in Jerusalem unterwegs. An vielen Stellen wird gebaut. Ein Bauzaun ist prächtig mit lebensgroßen Bildern verziert, die zeigen, wie es nach dem Umbau aussehen wird. Israelis jeden Alters sind auf den Bildern zu sehen, doch auch ein älterer Palästinenser. Auch auf dem Bild ist er ein Mensch zweiter Klasse, denn irgendein Wirrkopf hat versucht, ihn zu übersprayen.

Auch an der goldenen Menorah im jüdischen Viertel der Altstadt mit Blick auf den Felsendom komme ich vorbei. Ich hatte sie schon Stunden nach meiner Landung gesehen. Auf einer Tafel heißt es, sie sei für den dritten Tempel gedacht.

Doch wollte man diesen bauen, müsste man aber zuerst den Felsendom sprengen, das drittgrößte Heiligtum des Islam. Dass man solche Ideen derart deutlich in die Öffentlichkeit bringen darf, erschreckt mich.

Ich gehe hinunter zu einem kleineren Checkpoint, lasse mich und meinen Rucksack durchleuchten, beantworte die obligatorischen, wenig originellen Fragen auf wenig originelle Art, ersetze meinen Filzhut durch eine Kippa und nähere mich so dem wichtigsten Ort des Judentums, der Klagemauer.

Von den roten Seiten meines Notizbuches sind, weil das Vaterunser eine überschaubare Länge hat, noch viele leer. Eine reiße ich heraus, schreibe ein Gebet und stecke es zwischen zwei – archäologisch gesagt – herodianische Bossenquader. Nur aufgrund meiner Körpergröße kann ich überhaupt eine Stelle finden, wo der Zettel noch Platz hat.

Ich habe wirklich das Gefühl, an einem der heiligsten Orte zu stehen, die es gibt. Nicht, dass Gott mein Gebet weniger interessieren würde, wenn ich es anderswo auf andere Art an ihn richten würde. Nein, der Grund ist wohl ein ähnlicher wie vor knapp zwei Wochen in der von hier nicht weit entfernten Grabeskirche: Hier ist ein Ort, an dem gebetet wird und an den jede und jeder voller Ernsthaftigkeit und Sehnsucht sein Leben vor Gott bringt.

Religion, glaube ich, braucht solche festgelegten Orte. Sie braucht festgelegte Rituale und feste Zeiten. Katholisch gesagt: Sie braucht Sakramente, im weiteren Sinne des Wortes. Spirituelles braucht Materielles, um greifbar zu bleiben. So wie ein Mensch – ganz materiell – essen, trinken und atmen muss, um denken oder beten zu können.

An Orten wie hier fühle ich mich geborgen.

Auch wenn ich weiß, dass gerade dieser Ort hier von manchen Juden verabsolutiert wird – geradezu so, als könne es ohne ihn kein Judentum geben –, auch wenn mir die berühmten Fotos von 1967 Angst machen, auf denen nach der Rückeroberung die Soldaten mit ihren Maschinengewehren an der Klagemauer beten, ja auch wenn ich weiß, dass jede materielle Konkretisation des Spirituellen eine große Gefahr in sich birgt: Ich fühle mich hier dem Ewigen ein wenig näher – auch wenn ich es theologisch nicht analysieren oder begründen kann.

Durch meine geliebte arabische Altstadt gelange ich zum arabischen Busbahnhof. Nur ein paar Minuten, und schon fährt der Bus Richtung Betlehem ab. Nach einer Viertelstunde passiert er die mit roten Schildern gekennzeichnete A-Zone, die für jüdische Israelis gesperrt ist.

Wie wohl jeder palästinensische Busfahrer kennt sich auch dieser hier genauestens aus und setzt mich exakt an meinem Bestimmungsort ab, nämlich der Abrahamsherberge in Beit Jala, einem Vorort von Betlehem. Das große Gästehaus wird von der arabisch-lutherischen Gemeinde getragen und hat einen Hotelteil und einen Jugendherbergsteil. Mir passt es gar nicht schlecht, dass ich in der Jugendherberge der einzige Gast bin. Am 17. Januar wird sich die ganze Herberge in den Winterschlaf verabschieden, doch bis dahin sind noch drei Nächte Zeit.

Ich lade meinen Rucksack ab und erkunde den Komplex. An die eigentliche Herberge grenzt ein Heim an, und ich erfahre, dass hier vierzig palästinensische Buben untergebracht sind. Gegenüber befindet sich die Kirche, und Musik dringt an meine Ohren. Ich höre und sehe einen Pianisten, zwei Sängerinnen und zwei Flötistinnen. Die Frau mit der auffallend klaren Sopranstimme entpuppt sich als Hannelore Shihadeh, die Frau des Pfarrers; mit ihm zusammen gibt sie der Gemeinde viele Impulse. Ich spüre, dass es wichtig sein könnte, etwas länger mit ihr zu reden, und wir verabreden uns für übermorgen. Denn morgen will ich in die Stadt, auf die ich mich schon lange freue: nach Hebron.

*Blick vom Ölberg auf die Stadt Jerusalem mit dem Felsendom*

*Die Dominus-flevit-Kirche lädt ein, über die Bibelstelle aus Lk 19 nachzudenken: „Als Jesus die Stadt sah, weinte er …"*

*Die Klagemauer, ein Ort des Gebetes für gläubige Juden. Oben drängen sich allwöchentlich Muslime zum Freitagsgebet auf den Tempelberg.*

*Provokation extrem gesinnter Juden: die Menorah für den dritten Tempel, für den der Felsendom gesprengt werden müsste.*

*Pilger am Golgota-Hügel in der Jerusalemer Grabeskirche*

*Mesusa am Zionstor: Sie enthält den zentralen Satz des Judentums „Höre Israel: Der Herr, dein Gott, ist einer."*

*Schwieriges Zusammenleben: Sechs christliche Konfessionen teilen sich die Grabeskirche.*

*Unmögliches Zusammenleben: Durch die Mauer (hier der verwinkelte Verlauf in Betlehem) werden die Palästinensergebiete auseinandergerissen.*

# DIE „SICHERSTE" STADT DES VORDEREN ORIENTS

*„Dann begrub Abraham seine Frau Sara in der Höhle des Grundstücks von Machpela bei Mamre, das jetzt Hebron heißt."*
Gen 23,19

Dass Hebron nicht unbedingt die Metropole der Westbank ist, merke ich schon im Sammeltaxi, das partout nicht voll werden will. Die Wartezeit stört mich nicht im Geringsten: Ich nehme mein Tagebuch hervor und notiere, dass ich – sauber und satt dank der luxuriösen Jugendherberge – glücklich bin. Und kaum habe ich diese Worte geschrieben, kommen auch schon ein paar Fahrgäste, der Fahrer lässt den Motor an, und los geht es.

Als ich mein Notizbuch weggepackt habe, erinnere ich mich an Ahmed Milhem, der früher in Hebron unterrichtet hatte. Einer seiner Schüler war im Ramadan 1994 beim Goldstein-Massaker ums Leben gekommen. Achmed hatte ein Drama darüber geschrieben. Der rechtsextreme israelische Arzt Baruch Goldstein hatte im Heiligtum der Patriarchengräber, dem Haram-al-Chalil in Hebron, 29 Palästinenser erschossen, bevor er selbst getötet wurde. „Ich glaube, das Massaker war mit dem israelischen Geheimdienst koordiniert", hatte mir Ahmed erklärt. „So bekamen die Israelis einen Grund, das Heiligtum zu trennen – und auf diesem Weg mehr Anteil daran zu bekommen."

Ein Selbstmordattentäter im Dienste der israelischen Regierung? Für mich ist das eine fast unmögliche Vorstellung, doch als ich Daoud damit konfrontierte, war sie ihm nicht neu, und er meinte, so etwas sei durchaus denkbar.

Nicht lange habe ich Zeit, mich mit solchen Gedanken auf den Tatort Haram-al-Chalil einzustimmen, schon ist das Sammeltaxi in al-Chalil eingetroffen. Das Heiligtum hat der Stadt ihren Namen, und, denke ich nicht ohne Sarkasmus, das Massaker ihr besonderes Gepräge gegeben. Ich bin gespannt, ob sich dieses Gepräge in den letzten 14 Jahren verändert hat. Eigentlich kann es sich nur verschärft haben.

Damals, erinnere ich mich, gab es auf dem Fleischermarkt eine besondere Attraktion, nämlich ein – abgesehen vom Kopf – ganzes Kamel, das an einem Haken hing und von dem der Metzger je nach Gusto das eine oder andere Stück abschnitt. Daneben stand ein Kübel voller Rinderaugen – zweifellos keine Topadresse für Vegetarier.

Heute sehe ich kein geschlachtetes Kamel, und beobachtet fühle ich mich eher durch Videokameras als durch Rinderaugen. Je tiefer ich in den Markt vordringe, desto unbelebter wirkt er.

Das Besondere an Hebron ist, dass es nicht nur für Muslime eine wichtige Stadt ist, sondern auch für Juden eine religiöse Bedeutung hat. Darum ist die arabische Stadt mit zahlreichen israelischen Wohnelementen durchsetzt. Das können ganze Siedlungen sein, wie etwa die größte und bekannteste von ihnen, Kiryat Arba, wo sich an Baruch Goldsteins Grab eine bizarre Märtyrerverehrung entwickelt hat. Es können aber auch nur einzelne Häuser oder gar nur Hausteile sein. Und darum sind über dem Markt schon seit Langem Netze gespannt, denn es kommt häufig vor, dass Siedler Steine und Unrat auf die Palästinenser werfen, die unten durch den Markt gehen. Wegen der Netze, erzählt mir ein Palästinenser, seien die Siedler deshalb teilweise schon auf übelriechende Flüssigkeiten umgestiegen. Die absonderliche Art des

Nebeneinanders – oder besser Gegeneinanders – hat ihren Preis: Der Mann berichtet, dass für die nur vierhundert Siedlerfamilien in Hebron dreitausend Soldaten eingesetzt werden. Mit so viel Aufwand ist dies bestimmt die sicherste Stadt des Nahen Ostens, denke ich. Mein Sarkasmus ist auf dem Weg durch den Markt nicht gerade geringer geworden.

Weit hinten im Markt und somit in einem sehr unbelebten Teil treffe ich auf einen kleinen, sehr gemütlichen Laden. Hier liegen handgestickte Kissenbezüge, Schals und Gewänder in allerbester Qualität und von unschätzbarem Wert.

Palästinensische Frauentrachten haben mich schon immer interessiert, da sie im Stil sehr eigenständig sind und eine ungeheure Würde ausstrahlen. Der Grundstoff ist in der Regel schwarz, und dieser ist sehr aufwändig in vielstündiger Kleinarbeit mit farbigen Mustern bestickt. Vor 14 Jahren hatten die Gemüsefrauen in solchen Trachten vor dem Jerusalemer Damaskustor ihre Ware feilgeboten, doch gestern musste ich feststellen, dass sich das leider geändert hat.

Leila, die Verkäuferin, strahlt wie ihre Ware Stolz und Würde aus. Sie ist Mitglied der Fraueninitiative und beginnt mir davon zu erzählen. Aus der ganzen Region liefern etwa siebzig Frauen hier ihre Handarbeiten ab. Das Problem, meint Leila, sei nur, dass das Geschäft kaum noch frequentiert werde. Manchmal, klagt sie, setze sie umgerechnet nur zwei Euro pro Tag um.

Ich beschließe, es wenigstens heute nicht zu so einer mageren Bilanz kommen zu lassen, doch zuerst will ich den Haram-al-Chalil besuchen.

Ein Palästinenser wird auf mich aufmerksam, stellt sich als Islam Faqouri vor und zeigt mir sein Haus. Aus „Sicherheitsgründen“ haben die Israelis dort die Schlösser von jenen Türen abmontiert, die vom Stiegenhaus in seine private Wohnung führen. Oben auf dem Dach sehe ich, dass der israelische Wachturm nur vier oder fünf Meter entfernt steht. „Schau, hier steht unser Wassertank“, erzählt mir Islam. Ich weiß, warum auf so gut wie jedem Dach Wassertanks stehen: In Halhul habe ich erfahren, dass die Israelis den Palästinensern im Sommer manchmal an 20 von 21 Tagen das Wasser abdrehen.

Islam zeigt mir den Tank genauer: „Siehst du die Löcher? Da haben sie hineingeschossen. Zum Spaß!“

Mittlerweile hat sich auch ein tschechisches Pärchen auf dem Dach eingefunden, und der Mann beginnt mit uns dreien eine Art Stadtführung. Auch wenn er eine Spur zu redselig ist, obwohl er unsere auf Englisch gestellten Fragen nicht richtig versteht, wehren wir uns nicht. Warum soll er seinen Blickwinkel auf den Nahostkonflikt nicht zu Geld machen und davon seine Familie ernähren? Schließlich tue ich das auch.

Er führt uns durch gespenstisch wirkende Straßen, an denen die Türen an allen Geschäften zugeschweißt sind. Aus sogenannten Sicherheitsgründen, erzählt er, sei es mit 850 Läden so gegangen. An einem Laden hat jemand in hebräischer Schreibschrift hingeschmiert: „Kach ha-aretz“, „Nimm das Land“. Auch hier schwingt die religiöse Bedeutung (vgl. S. 11) mit: Enteigne Geschäfte, vertreibe die Besitzer, schweiße die Türen zu – und übe so deine Religion aus.

Auch ganze Marktgassen sind verriegelt, zu Sackgassen verstümmelt. Es ist, als wollten sie den Zustand illustrieren, in den der Nahost-Friedensprozess geraten ist.

Um zum Haram-al-Chalil zu gelangen, ist ein komplizierter Umweg über den Friedhof nötig. Kurz bevor wir ihn betreten, weist uns Islam auf eine Schmiererei an einem Gartentor hin: „GAS THE ARABS“, steht dort. „Hier wohnt eine palästinensische Familie. Tag für Tag geht sie hier durch“, weiß er.

Die drei englischen Worte schockieren mich. Der Gebrauch einer Spraydose und die Art der Buchstaben deuten auf junge Täter hin und damit auf solche, die sich wohl nie vertieft mit dem Holocaust beschäftigt haben. Ich erinnere mich an meine neun Monate in Israel: In der Regel waren die stark rechtsnational orientierten Israelis jene, die über den Holocaust nur ungenau Bescheid wussten. Ein schwer fassbares Gefühl wie „die ganze Welt ist gegen uns Juden" schlummerte wohl in ihnen. Doch jene, die Verwandte im Holocaust verloren hatten oder selbst nur knapp davongekommen waren, dachten meistens sehr differenziert – wohl darum, weil das Thema für ihre Identität einfach wichtig war. Obwohl ich Deutscher bin, konnte ich gerade mit ihnen entspannt sprechen.

Vielleicht schockieren mich die krassen drei Worte deshalb so sehr, weil sie nicht einfach nur extrem sind, sondern durchaus eine – wenn auch selten ausgesprochene – Seite des modernen Staates Israel thematisieren: Ich glaube, dass ein Volk, das unvorstellbares Unrecht und unvorstellbare Gewalt erlitten hat, vor Unrecht und Gewalt weniger zurückschreckt als ein Volk, das seit Jahrhunderten im Frieden leben darf. So, wie viele Kinder, die geschlagen wurden, später ihre eigenen Kinder schlagen. Oder wie die Palästinenser zu Waffen greifen.

Das ist aus meiner Sicht der Grund, warum die Gewalt im Nahen Osten ein Teufelskreis ist – und der Frieden in der Sackgasse steckt.

Wir stehen auf dem Friedhof, und Islam reißt mich mit neuen Erklärungen aus den Gedanken: Er zeigt die Wachtürme rings um die Stadt und jüdische Schulen mitten in der Altstadt, er berichtet, dass nicht weniger als 120 Checkpoints in Hebron verteilt seien, und dann verabschiedet er sich. Wenn wir zum Haram-al-Chalil wollten, könnten wir heute, weil Freitag ist, nur den jüdischen Teil besuchen. Und dieser sei für Palästinenser tabu.

Der Haram-al-Chalil mit seinem quadratischen Grundriss ist das besterhaltene Gebäude Herodes' des Großen und zieht mich, obwohl ich es schon mehrmals besucht habe, durch seine Monumentalität und Präzision erneut in seinen Bann: Nur wenige Millimeter weichen die Seitenlängen voneinander ab. Als ich nun die gut vierzig Meter langen Wände aus herodianischen Bossenquadern sehe, die irgendwie noch „frischer" aussehen als jene unter dem Jerusalemer Tempelplatz, kommt mir das ganz und gar unglaublich vor.

Herodes hatte – wie den Tempel – auch dieses Gebäude errichten lassen, um die Juden zufriedenzustellen. Unter sich birgt es die Machpela-Höhle, in der sich laut Gen 23 die Patriarchengräber befinden. Doch zugänglich ist nur der obere Teil, der seit dem Massaker einen jüdischen und einen muslimischen Eingang hat. In die eigentliche Machpela-Höhle kommt außer den überlegen lächelnden Wächtern im muslimischen Teil, die es wohl heute noch genauso gibt wie vor 14 Jahren, niemand hinein.

In beiden Teilen befinden sich etwa 1000-jährige Kenotaphen, die die eigentlichen Gräber repräsentieren.

Nach drei sehr strengen Sicherheitskontrollen stehe ich vor einem dieser schwarzen Kästen: „Unser Vater Abraham", lese ich auf Hebräisch. Das „unser" beziehe ich auch auf mich als Christen, aber auch auf die Muslime: Abraham, Vater der drei Weltreligionen. Doch Palästinenser haben keinen Zugang zu diesem jüdischen Teil des Heiligtums, der als Synagoge gestaltet ist.

Während orthodoxe Beter ihre Gebete murmeln und mit dem Oberkörper hin und her wippen, werden sie, da die Dachkonstruktion nur provisorisch ist, vom leistungsstarken Lautsprecher des muslimischen Teils beschallt: Es ist

Freitagsgebet, und die Predigt ist wohl nicht ganz unpolitisch.

An einer Wand sehe ich auf einem Gemälde im Wachturm-Stil die Friedensvision aus Jes 11: Löwen, Lämmer und andere Tiere in friedlicher Harmonie. Einen originelleren Platz dafür hätte man wahrlich kaum finden können.

Hebron – das wird mir vor dieser skurrilen Szenerie klar – repräsentiert den gesamten Nahostkonflikt auf kleinstem Raum. Es geht nicht nur um Wohnraum, Arbeit, Wasser, Bewegungsfreiheit. Es geht wesentlich um die Präsenz an den heiligen Orten, und diese Präsenz scheinen sich Juden und Muslime definitiv nicht teilen zu wollen.

Nachdem ich Leila einen Schal, einen Kissenüberzug und einen Geldbeutel abgekauft habe – zum Glück sind die Dinge nicht so schwer; ich muss sie ja noch durchs halbe Land schleppen –, will ich auch nach Kiryat Arba gehen und einen Extremen am Goldstein-Grab interviewen. Meiner hebräischen Landkarte entnehme ich die Richtung, die ich einzuschlagen habe.

Eigentlich seltsam: Die Siedlungen sehen auf der Karte ganz gleich aus wie das Palästinensergebiet. Man erkennt sie nur am hebräischen Klang ihres Namens und am ordentlichen, am Reißbrett entstandenen Straßenmuster. Auf manchen Karten ist wenigstens schon die Mauer eingezeichnet und politisch korrekt mit „Sicherheitszaun“ bezeichnet, doch mein Blatt ist älter. Nichts deutet darauf hin, dass man zwischen Hebron und Kiryat Arba zwischen zwei Welten springt – eine Tätigkeit, in der ich jetzt schon etwas Erfahrung habe.

Nach einer Viertelstunde zweifle ich daran, auf dem richtigen Weg zu sein, doch fragen will ich – trotz Anorak vom Deutschen Fußballbund – lieber niemanden danach.

Ich lande in einem östlichen, etwas höher gelegenen Außenbezirk. Am Straßenrand sehe ich junge wilde Welpen, nur wenige Tage alt, die sich schnell in ihre Höhle zurückziehen. Nur einer von ihnen bleibt draußen. Warum, frage ich mich, und trete näher. Der kleine Hund ist tot.

Ich wende meinen Blick ab und schaue auf die Stadt. Wo ist Kiryat Arba? Von oben zu sehen ist die Siedlung überhaupt nicht. Vielleicht etwas weiter südlich?

In dieser Richtung werden die Gassen schmaler, noch einsamer. Plötzlich kommen drei Jugendliche auf mich zu und fangen an, mich anzupöbeln. „Schluss jetzt", sage ich scharf, „ma'a salaama". Das ist doppeldeutig: „Adieu" und „mit Frieden'". Sie pöbelten weiter, griffen nach meinem goldenen Kreuzchen, das seit bald drei Jahren ununterbrochen an meinem Hals hängt. „Was ist das?'" – „Ich bin Christ."

Langsam werden sie handgreiflich. Ich verstehe: Auch wenn das Material meines Kreuzchens nur dreißig Dollar wert ist: Für diese arbeitslosen Kerle ist das ein Vermögen. Und die vierhundert Euro in meinem Geldbeutel sind dann eben ein großes Vermögen.

Im linken Augenwinkel entdecke ich zu meinem großen Glück einige Männer, die um die fünfzig Meter entfernt sein mögen. Ich schreie um Hilfe. Schnell wie der Wind sind die Nichtsnutze weg.

Ich atme durch, vergesse Kiryat Arba und lenke meine Schritte zurück nach unten in die Altstadt. Einen Moment lang habe ich in jenen Abgrund geschaut, der sich auftun wird, wenn die Situation in Hebron nicht besser wird: die Mischung aus Perspektivlosigkeit, Armut und aufkeimender Gewaltbereitschaft.

# SEHNSUCHT NACH FRIEDEN

*„Alle Völker gehen ihren Weg;*
*jeder ruft den Namen seines Gottes an."*
Micha 4,5

Nach den geradezu verstörenden Eindrücken aus Hebron habe ich heute einen ruhigen Tag verbracht. Am Vormittag war ich in Betlehem, besuchte die lutherische Weihnachtskirche und kaufte im benachbarten Kirchenzentrum einen Engel, der aus in Blei gefassten Scherben gemacht ist. Aus Nahostkonflikt-Scherben Kunst zu schaffen – diese Idee hat mich schon bei den Kunstwerken auf dem Weinberg fasziniert. Der Scherbenengel, den ich für meine neunjährige Tochter Valeria mit nach Hause bringen will, birgt eine Lebensweisheit in sich. Vergiss nicht, dass du kreativ bist, und mach aus deinen Scherben einen Engel. Dann ist er es, der dich begleitet, und es sind nicht mehr die finsteren Geister der Zerstörungswut.

Im Caritas Baby Hospital war ich heute auch, denn ich hatte aus Deutschland den Auftrag mitgenommen, einmal zu schauen, wohin die Spendengelder fließen.

Ich konnte mich mit der Chefärztin Hiyam Mazouqa treffen, die mir das sehr zweckmäßige und offenbar hocheffiziente Spital zeigte. Das Bild eines kleinen Beduinenmädchens geht mir noch nach: Es hat Hirnhautentzündung, doch die Eltern warteten mit dem Spitalbesuch, bis die Symptome alarmierend wurden. Sie scheuten die Kosten und wussten nicht, dass die symbolischen zwanzig Euro pro Nacht und drei Euro pro Behandlung nur diejenigen bezahlen müssen, die das auch können. Nun wird das Kind wohl ein Leben lang behindert bleiben, meint die Ärztin.

In den zwanzig Minuten, die sie sich für mich Zeit nehmen konnte, spürte ich, dass die medizinische Leitung in den Händen einer sehr engagierten, kompetenten, hochintelligenten und extrem fleißigen Frau liegt. Den Spendern in Deutschland werde ich also Mut machen, weiterhin zu spenden. Das Spital ist finanziell alles andere als auf Rosen gebettet, da die Einkünfte fast nur aus Spenden bestehen.

Dass direkt neben der Mauer, die in vielen Schlingen um das Rahelgrab gelegt ist, so viel Sinnvolles und Gutes getan wird, trotz zuweilen riesiger organisatorischer Schwierigkeiten, macht mich richtig froh. Ein Betrieb wie das Baby Hospital ist eigentlich die Konkretisation des Scherbenengel-Gedankens im Großen, dachte ich auf dem Fußweg zurück nach Beit Jala.

Ich freue mich sehr auf das Gespräch mit Hannelore Shihadeh, der ich schon vorgestern kurz begegnet war. Ihr palästinensischer Mann Jadallah hatte in Tübingen Theologie studiert und sie dort kennengelernt. Inzwischen ist er schon lange lutherischer Pfarrer von Beit Jala, und sie teilt ganz seinen seelsorglichen Elan und seine bodenständige Spiritualität.

Nach dem Musizieren in der Kirche erläutert mir Hannelore den geistlichen Kern ihrer Gemeinde: „Wir sind eng miteinander verbunden, besonders durch das Gebet", meint sie. „Durch das Gebet können wir als Kirche einen Weg finden, friedlich für eine Sache einzustehen. Denn im Gebet liegt eine Kraft, von der Christen, Juden und Muslime wissen."

Das Neben- und Miteinander der drei monotheistischen Weltreligionen prägt Hannelores Glauben. Heute Morgen fiel mir im Heim für die überwiegend muslimischen Buben das gemeinsame christliche Gebet vor dem Essen auf. „Wenn ich meinen Glauben respektiere, dann respektieren die Menschen mich“, erklärt sie mir dazu. Ich muss ihr zustimmen. In Palästina beziehungsweise in Israel ist man sehr schnell beim Thema Glauben. Ohne Hemmungen können etwa Muslime und Christen darüber reden, warum sie ihre eigene Religion für die beste halten. Warum auch nicht? Mit manipulativen Missionsmethoden hat das nichts zu tun, sondern vielmehr mit einer spannenden und oft auch sehr tiefen Reflexion über den eigenen Glauben und den der anderen.

Wer zum eigenen Glauben steht, wird nicht nur respektiert, sondern es wird ihm auch leichter fallen, einen anderen Glauben zu respektieren, denke ich. Je fester man zum Eigenen und im Eigenen steht, desto weiter kann man sich aus dem Fenster lehnen, um das Andere anzuschauen. In der Schweiz erlebe ich oft das Gegenteil: Aus lauter sogenanntem Respekt vor allem gegenüber Muslimen wagt man es an den Schulen vielerorts nicht mehr, christliche Lieder zu singen oder christliche Geschichten zu erzählen, von einem christlichen Gebet in der Klasse ganz zu schweigen. Doch ist damit Christen, Muslimen oder Atheisten gedient?

Vielleicht zwingt hier in Palästina allein schon die Tatsache, dass das Volk der Palästinenser seit jeher aus Christen und Muslimen besteht, zu einer viel tieferen Auseinandersetzung als in Mitteleuropa, wo die meisten Muslime anderen Völkern angehören.

Doch was, wenn es Krach gibt zwischen den Christen und Muslimen in Palästina? „Wichtig auch für uns Christen ist die Autorität der Scheichs, der muslimischen Geistlichen vor Ort“, erklärt Hannelore. „Wenn es Konflikte gibt, darf man sie nicht wachsen lassen. Man geht gemeinsam zum Scheich, bespricht die Sache, trinkt hinterher einen Kaffee, und dann ist der Fall beendet.“

Hannelore berichtet davon, wie das Miteinander von Christen und Muslimen Frucht trägt: in der gemeinsamen Anstrengung für den Frieden. Den Anstoß dazu geben oft die Christen, und gerade in der Abrahamsherberge laufen viele Fäden zusammen. „Der Dialog in ‚Abrahams Herberge' soll … als Begegnung von Menschen verschiedener Weltanschauungen, Religionen und Kulturen in einem Klima der Freiheit und Offenheit verstanden werden. Er beinhaltet den Versuch, einander zuzuhören und die andere Religion zu verstehen in der Hoffnung, Möglichkeiten einer gemeinsamen Zusammenarbeit zu finden", schrieb ihr Mann Jadallah, der jetzt gerade wieder in Deutschland unterwegs ist, in seinem Buch „Freiheit – nichts als Freiheit".[1]

Mit leuchtenden Augen erzählt Hannelore von der Friedenswoche 2009 und davon, wie im Rahmen dieser Woche Angehörige aller drei Religionen am Sicherheitszaun zwischen Beit Jala und Gilo zusammentrafen. Nur die Hände konnte man dort hindurchstrecken. Die Christen schenkten den anderen Kerzen, die Muslime Brote und die Juden Rosen. „Die Soldaten wurden sehr nervös, als plötzlich hunderte Leute zum Zaun gingen, und holten Verstärkung", erinnert sich Hannelore, „es wurde richtig brenzlig. Doch die Spannung löste sich, als jemand ‚hevenu schalom aleichem' anstimmte – wohlgemerkt, auf der Betlehemer Seite."

Hannelore erzählt von der Rabbinerin Sarra Lev. Während der Friedenswoche hatte sie den Mut, über das 2. Kapitel im Buch Micha Folgendes zu predigen:

„Was sind diese zwei großen Sünden, von denen Micha berichtet? Zum einen erzählt er von der Sünde, das Land als Gott zu verehren, und zum anderen von der Versündigung,

1 Jadallah Shihadeh, Freiheit – nichts als Freiheit, Hans Thoma Verlag, Karlsruhe 2008, S. 76

andere Leute falsch zu behandeln, sie zu unterdrücken und ihr Land zu stehlen. Und hier sind wir, zweitausend Jahre später, und haben uns nicht geändert."[2]

Meine Gedanken schweifen ein wenig ab: Steckt vielleicht in jedem Monotheismus die Gefahr, etwas als Gott zu verehren, was von ihm verheißen, indirekt gestiftet oder verfügt wurde? Die Gefahr, auf diese Art den Einen und Unsichtbaren etwas sichtbarer machen zu wollen?

Heiliges Land – auch den Palästinensern ist ihr Land heilig, denn die Familie, die Familientradition und eben auch der Familienbesitz sind „heilig". Ich weiß, dass Palästinenser, falls ihnen bei Enteignungen durch Israel Entschädigungszahlungen angeboten werden, diese in der Regel nicht annehmen, weil sie von ihren Brüdern nicht als Verräter ermordet werden wollen – was durchaus schon vorgekommen ist.

Wie die Rabbinerin inspiriert auch Hannelore, ihren Mann und die ganze Gemeinde das Buch Micha, besonders der Gedanke der Völkerwallfahrt auf den Zion im vierten Kapitel. Besonders betont die Pfarrersfrau Vers 5: „Alle Völker gehen ihren Weg; jedes ruft den Namen seines Gottes an." Ihr Bekenntnis zu diesen Bibelversen klingt sehr konkret, doch keinesfalls biblizistisch: „Ich glaube, dass diese Vision Wirklichkeit wird. Nicht nur, weil ich Christin bin und die Worte zur Heiligen Schrift gehören, sondern auch, weil es rein logisch gesehen keine andere Lösung geben kann."

Nirgendwo auf der Welt ist mir bisher so klar geworden, was christliche Hoffnung bedeutet, wie hier in der Westbank. Hannelore weiß nicht, wie der Weg der Völker und Religionen auf den Zion im Einzelnen aussehen wird. Kürzer, pro-

2 Nachzulesen auf http://www.radio-utopie.de/2009/08/31/predigt-der-rabbinerin-sarra-lev-rabbis-for-human-rights-in-beit-jala-im-rahmen-der-friedenswoche-juli-2009/

faner und härter gesagt: Niemand weiß einen Weg im Nahostkonflikt. Und doch treffe ich gerade in der Westbank viele Menschen, die deshalb noch lange nichts von ihrem Engagement, ihrer Nächstenliebe, ihrem engagierten Nachdenken zurücknehmen, ganz im Gegenteil.

Am nächsten Tag, dem Sonntag, kommt Hannelore noch einmal auf mich zu: „Ich hatte ganz vergessen, dich nach deiner Geschichte zu fragen!“ Ich erzähle ihr in Grundzügen von den Hintergründen meiner Reise und davon, dass ich keine Ahnung davon habe, wie mein Leben weitergeht. Sie meint: „Du wirst schon sehen: Besondere Menschen kommen an besondere Orte.“ Hannelore spricht aus Erfahrung, und ich beschließe, ihr zu glauben, dass ich auch jemand Besonderer bin.

# REGEN GEHÖRT DAZU: ARMENISCHES WEIHNACHTEN

*„Gott, der den Regen aufs Land gibt und lässt Wasser kommen auf die Gefilde …"*
Ijob 5,10

Trotz des Regens – oder gerade wegen ihm – bin ich glücklich. Bis zur Prozession nach Betlehem habe ich noch eine Viertelstunde Zeit, in der ich die Ölbäume unter dem Mar-Elija-Kloster – es liegt an der Straße zwischen Jerusalem und Betlehem auf der Jerusalemer Seite des Checkpoints – bewundern und fotografieren kann. Der dichte Nebel und der leichte Regen lassen in mir eine ruhige Stimmung aufkommen, denn alles scheint zu passen. Schon am 2. Januar hatte mir ein Armenier gesagt, dass es am Weihnachtsfest am 18./19. Januar immer regnet, und prompt hatte gestern Abend das erste Gewitter eingesetzt.

In Betlehem wird dreimal Weihnachten gefeiert: Am 24./25. Dezember feiern die Katholiken und die Kirchen der Reformation, am 6. Januar sind die Orthodoxen an der Reihe, und am 18./19. Januar gehört die Geburtskirche der vergleichsweise kleinen Gruppe der armenisch-apostolischen Kirche. Nun regnet es nur ganz leicht vor sich hin, es ist fast zehn, und ich begebe mich zur Menschentraube am Kloster. Die Prozession wird gleich beginnen.

Versammelt sind etwa hundert Armenier, fünf Pferde, 15 israelische Polizisten und ich. Die Polizisten erklären mir, es sei eine große Ehre für sie, die Prozession bis zum Checkpoint begleiten zu dürfen.

Verwundert bemerke ich, dass ich der Einzige bin, der zu Fuß daran teilnimmt – jedenfalls der einzige Zweibeiner. Fast komme ich mir etwas dumm vor. Vorneweg fahren rund vierzig Privatautos und gelbe Taxis, meist im Schritttempo, dann folgt ein Auto mit einem Kreuz, das aus dem Dachfenster ragt, und dann das von berittenen Polizisten „beschützte" Auto des Patriarchen-Stellvertreters.

Ein Autofahrer kurbelt das Fenster herunter: „Bevor wir zum Checkpoint kommen, setz dich in eines der Taxis. Sag einfach, du seist ein schwedischer Armenier. Sonst kommst du nicht durch."

Wieso schwedisch, denke ich. Jedenfalls widerstrebt es mir, so dreist zu sein. Die Israelis machen am Checkpoint kehrt, da dahinter die A-Zone beginnt, doch die restliche Prozession verschwindet im Eisentor, das nur für besondere Anlässe wie diesen geöffnet wird. Nur ich benutze den „normalen" Checkpoint.

In diese Richtung ist er schnell passierbar, aber trotzdem fehlt, als ich mich in Betlehem wiederfinde, von der armenischen Prozession jede Spur. Die Mauer steht zu meiner Rechten. Nach ein paar Hundert Metern, ganz in der Nähe des Babyspitals, macht sie einen U-förmigen Knick. Tief im Inneren des U steht, wie ich noch in der Schweiz in Erfahrung bringen konnte, ein besonderes Haus. Es gehört der christlichen Palästinenserfamilie Anastas. Ich klingle bei Claire Anastas, und eine Frau im mittleren Alter öffnet. Seit das große U um ihr Haus gebaut wurde, sodass es nur noch von einer Seite erreichbar ist, ist für sie und ihre Familie vieles anders geworden: Die Ferienwohnung steht oft leer, und auch der Touristenladen im Erdgeschoss wird kaum noch besucht.

Frau Anastas erzählt von ihren Sorgen, doch auch von ihrem Plan: Sie will direkt vor ihrem Eingang eine riesige Ikone an die Wand sprühen lassen – zum Segen und als Zei-

*Hebron: Unter diesem Gebäude liegt die geheimnisvolle Machpela-Höhle mit den Gräbern von Abraham, Isaak und anderen Patriarchen, die von Juden und Muslimen gleichermaßen verehrt werden.*

*Wachtürme und Straßensperren kennzeichnen Hebron. Auf kleinstem Raum repräsentiert diese Stadt den Nahostkonflikt.*

*Netze über dem Markt von Hebron sollen vor den Steinwürfen jüdischer Siedler schützen.*

*Geschäft mit Handarbeitswaren: Leila verkauft Kissen, Schals und Gewänder.*

*Ein geschlossener Laden in Hebron mit der hebräischen Aufschrift: „Kach ha-aretz" – „Nimm das Land!"*

*Caritas Baby Hospital in Betlehem: ein Hoffnungsschimmer für verzweifelte Eltern*

*Armenisches Weihnachtsfest in der Geburtskirche von Betlehem*

*Hier soll die Krippe Jesu gestanden haben.*

chen der Hoffnung. Nun sucht sie nur noch jemanden, der das kann.

Ein anderes eigenwilliges Zeichen der Hoffnung präsentiert sie mir in ihrem Laden, den sie eigens für mich aufschließt. Neben Textilien und Keramik verkauft sie Weihnachtskrippen aus Olivenholz. Das Besondere daran ist die Mauer, die zwischen den Hirten und der Heiligen Familie steht. Anders als das Original kann man sie mit einem einzigen Handgriff herausnehmen.

„Das Nachfolgemodell ist noch besser", sagt Claire. Es ist das erste Mal, dass ich sie schmunzeln sehe. „Wir haben hinter der Krippe ein Loch in die Stallwand gemacht. Das symbolisiert, dass wir trotz allem das Licht sehen wollen."

Claire, ihr Mann und ihre vier Kinder sind sehr gläubig. Während der 38-Tage-Belagerung Betlehems im Jahr 2002 stand das Haus unter Kreuzfeuer. Die Familie saß in einer winzigen Ecke der Wohnung – der einzigen Ecke, auf die man nicht durch ein Fenster hineinschießen konnte – und betete den Rosenkranz. Claire hatte gar nicht wahrgenommen, dass ihr Mann einen Moment hinunter zur Ferienwohnung gegangen war, um die Schäden anzusehen. Plötzlich, mitten im Gebet, schrie ihr Sohn laut nach dem Vater, und sie schrie genauso laut, wie in Trance.

Er hörte es in der Ferienwohnung und wandte sich nach oben. Im nächsten Moment schoss ein riesiges Projektil dorthin, wo er gestanden war.

„Gott hat ihm das Leben gerettet", ist Claire überzeugt.

Ich frage gleich, ob ich in der Ferienwohnung als Einzelner übernachten kann, und problemlos kann ich mich dort komfortabel, günstig und mit der Aussicht auf ein köstliches Frühstück einquartieren. Schließlich brauche ich einen Ort, an den ich nach dem nächtlichen armenischen Weihnachtsgottesdienst gehen kann.

Mit meinem Fotoapparat mache ich mich auf den Weg zur Geburtskirche. In der Star Street – der Name gefällt mir – bleibe ich hungrig im Peace Restaurant hängen und bestelle das, was ich in Palästina am liebsten habe: Falafel. Das sind frittierte kastaniengroße Bällchen aus Kichererbsenbrei, die zusammen mit pikanten Salaten und einer guten Soße in einem taschenförmigen Brot stecken. Ich tue, was die wenigsten Falafelesser tun: Ich nehme im Restaurant Platz, um die Köstlichkeiten so richtig zu genießen. Da kommt der Kellner auf mich zu und fragt, ob ich als Tourist hier sei. Nein, antworte ich, als Journalist.

Das ist das Stichwort. Abu Ala, wie er, Nael Sobeh, von den Einheimischen genannt wird, beginnt wie ein Wasserfall in tadellosem Englisch zu erzählen, unter welch abenteuerlichen Bedingungen er nach Saddam Husseins Kuwait-Invasion 1990 mit seiner Familie aus Kuwait geflohen ist. Unter größten Entbehrungen und Gefahren ist es ihm gelungen, als erster palästinensischer Flüchtling überhaupt mit dem Auto über Irak und Jordanien wieder in seine Heimatstadt Betlehem zu gelangen. Ich staune über die spannende Geschichte, doch genauso auch darüber, dass es Abu Ala so wichtig ist, sie mir zu erzählen. Vielleicht soll ich Werbung für ihn machen? Einen Besuch im Peace Restaurant kann ich jedenfalls wärmstens empfehlen, und kaum irgendwo hört man spannendere Episoden als dort.

Erst am Nachmittag stoße ich wieder auf die feiernden Armenier: Gut fünfzig Jugendliche in bunten Gewändern bilden eine Musikkapelle und veranstalten einen sehr schwungvollen Marsch durch die Stadt. In der Geburtskirche ist der erste Gottesdienst schon im Gange.

Das viele Gold, der süße Weihrauchduft, der Klang einer Sprache wie aus einem Märchenbuch – das waren meine ersten Eindrücke. Bald schon umarmen sich die Menschen zum

Friedensgruß, und von diesem Moment an fühle ich mich mehr als Mitfeiernder denn als Journalist.

Wie bei uns Katholiken besteht der Festgottesdienst aus Wortgottesdienst und Eucharistiefeier, wobei Ersterer allein schon zwei Stunden dauert, besonders wegen der langen Predigt und der vielen Hymnen, die von einer jugendlichen Kantorenschola vorgetragen werden. Manche Sänger scheinen mir erst 13 Jahre alt zu sein, und doch singen die meisten alles auswendig. Die Gottesdienstbesucher singen nicht mit, antworten nur hin und wieder mit „Amen“ und bekreuzigen sich, doch sie tauchen voller innerer Freude ganz in die heilige Atmosphäre ein. Diakone und Subdiakone verstärken diese Freude durch Kerzen und immer wieder reichlich Weihrauch.

Die Eucharistie wird in der recht kleinen Geburtsgrotte gefeiert, in der nur wenige Personen Platz haben, doch die Kantorengruppe macht sie durch ihre Gesänge für alle Mitfeiernden präsent.

Nach einer Weile kommt der Patriarch mit dem Leib Christi in Gestalt des Brotes heraus, flankiert durch zwei Diakone. Sie gehen zu einem Altar, und nach mehreren feierlichen Gebeten folgt die Kommunionfeier.

„Darf ich auch zur Kommunion gehen?“ frage ich meinen Nebenmann. „Ich bin nämlich römisch-katholisch.“ – „Kein Problem.“

Als ich vor dem Patriarchen-Stellvertreter stehe, nimmt mich ein Priester beiseite. „Sind Sie gläubig?“ „Ja. Römisch-katholisch.“ „Bekennen Sie Ihren Glauben?“ „Ja, das tue ich.“ „Aber zur Kommunion können Sie nicht.“

Traurig ziehe ich mich wieder zurück. Ich verstehe nicht ganz: Wir bekennen doch wie die Armenier die reale Gegenwart Christi in der Eucharistie. Was soll das Problem sein?

Zwei Minuten später kommt ein Priester zu mir. „Sie dürfen gehen. Aber beeilen Sie sich.“

Ich freue mich riesig. Doch – o je – der Patriarch-Stellvertreter beendet schon die Kommunionfeier. In buchstäblich letzter Sekunde trete ich vor ihn hin und mache wie die anderen ein orthodoxes Kreuzzeichen. Der würdevolle Geistliche bricht auch mir ein winziges Stückchen vom Brot, das er über dem Kelch hält, ab, und gibt es mir in den Mund. Im Gegensatz zu uns Katholiken verwenden die Armenier Brot, das Sauerteig enthält.

In diesem tief bewegenden Moment donnert es draußen. Regen prasselt. Armenische Weihnacht.

Dann hört die Feier recht schnell auf. Ein Priester verteilt am Schluss gesegnetes, hauchdünnes Brot, das sich die Mitfeiernden auf den Handrücken legen lassen. Und als es bereits durchs Dach zu regnen beginnt, dürfen wir auch noch das edelsteinbesetzte Kreuz küssen.

Als ich mich zum Gehen wende, trifft sich mein Blick mit dem eines etwa fünfzigjährigen Armeniers. Ich spreche ihn auf Russisch an, und er antwortet mit einer berührenden Herzlichkeit. Armén, so heißt er, gibt mir seine Visitenkarte, die ihn als Präsidenten des armenischen Puppenspielerverbandes ausweist, und da ich mit meiner Frau im Sommer zu unserem Traumziel Armenien aufbrechen will, verspreche ich, ihn in Eriwan zu besuchen.

Als ich, den Fotoapparat tief in meinen Anorak gehüllt, in den prasselnden Regen trete, erwarte ich, dass das Haus von Claire Anastas nun leicht zu finden sein wird.

Aus den Wasserrohren spritzt und schäumt es, fast niemand ist auf der Straße, und wenn ich jemanden sehe, dann in einem Tempo, als wäre der Teufel hinter ihm her. Dabei ist doch nur armenische Weihnacht. Warum also wundert man sich über den Regen?

Während ich mich beeile, wieder ins Trockene zu kommen, kommt mir das gleiche Fest vor genau 14 Jahren wieder in den Sinn. Ich hatte ein Fahrrad in Jerusalem gehabt, und mit diesem war ich zur Mitternachtsmesse gefahren. Etwa um halb zwei Uhr – der Gottesdienst war noch nicht ganz vorüber, doch die Müdigkeit meldete sich – wollte ich mich auf den Heimweg machen. Das bemerkte ein anderer deutscher Student, der für zwei Semester an der Hebräischen Universität immatrikuliert und zum Studium mit seinem VW Käfer aus Deutschland angereist war. „Christoph", flüsterte er, „kannst du mich mitnehmen? Mein Käfer ist in der Werkstatt." – „Hm, ich habe keinen Gepäckträger. Aber wir kriegen das hin."

Und so bot sich den wenigen nachtaktiven Zeitgenossen bald eine malerische Szene dar: zwei Männer auf einem Fahrrad, der eine auf dem Sattel, der andere quer auf der Mittelstange, in der Weihnachtsnacht in strömendem Regen auf dem Weg von Betlehem nach Jerusalem.

Gar malerisch fand das auch eine Polizeistreife, die uns beim Mar-Elija-Kloster aufgabelte. Doch im Gegensatz zu meinem vorherigen Kontakt mit der Polizei kam es nun zu einer erfreulichen Begegnung: Wir durften das Rad in den Polizeibus laden, und jeder von uns beiden wurde punktgenau nach Hause gebracht.

Während ich durch solche Erinnerungen versuche, Nässe und Kälte zu verdrängen, regen sich in mir allmählich Zweifel, ob ich auf dem richtigen Weg bin. Ich muss mich verlaufen haben, und auch der Stadtplan hilft mir nicht weiter. Vielleicht kann mir der Mann, der gerade durch Dunkelheit und Regen hastet, bei der Herbergssuche in Betlehem behilflich sein?

Als ich nach dem Babyspital frage – es liegt ja nur einen Steinwurf von Claire Anastas' Haus entfernt –, deutet er in die Richtung, aus der ich gekommen bin. Wie kann man so blöd sein und bei solchem Sauwetter einen derart einfachen

Weg verfehlen? Das einzig Trockene, was mir beim Eintreffen in meiner gemütlichen Unterkunft bleibt – sage und schreibe fünfzig Minuten bin ich durch den strömenden Regen getigert –, ist meine Kamera. Doch mein Rucksack hält glücklicherweise noch ein paar trockene Sachen bereit.

# EMMAUS UND EMMÄUSE

*„Herr, bleib doch bei uns, denn es wird Abend, und der Tag hat sich schon geneigt."*
Lk 24,29

Wenn manche „Westbank" hören, dann denken sie zuerst an den Nahostkonflikt, an Armut, an tagtägliche Schikanen. Doch die Westbank hat auch unzählige sehr idyllische Plätzchen, und wieder bin ich an einem davon gelandet: bei den Salvatorianerinnen in Al-Qubeibeh, einem der drei Orte, die mit dem biblischen Emmaus identifiziert werden.

Am Abend des Ostertags, so erzählt das Lukasevangelium, gingen zwei Jünger in das Dorf Emmaus; ein dritter gesellte sich hinzu, und dieser dritte offenbarte sich, als er in Emmaus das Brot brach, als der Auferstandene.

Die drei möglichen „Emmäuse" sind Al-Qubeibeh mit der ältesten Ortstradition, Latrun (das allerdings viel weiter von Jerusalem entfernt ist, als im Evangelium angegeben) und Abu Gosh, das erst von den Kreuzfahrern als Emmaus bezeichnet wurde.

Den Emmausgang wandelte ich gestern ein wenig ab: Erstens ging ich nicht am Abend des Ostertags, sondern am Abend des armenischen Weihnachtstages, zweitens war ich allein unterwegs, und drittens fuhr ich, anders als die Jünger in Lk 24, ein Stück mit dem Bus, nämlich durch die Jaffa Street bis zum Stadtrand von Jerusalem. In dieser stark befahrenen Straße hatte es im Winter 1996 zwei große Selbstmordattentate gegeben. Beide galten der Linie 19, und beide fanden am Sonntagmorgen statt. Der Knall des zweiten Attentats riss mich damals aus dem Schlaf, und als wir am Nachmittag an der Stelle vorbeimussten, beobachteten wir streng religiöse Juden, die fein säuberlich auch die kleinsten Leichenteile aufsammelten, um sie zu bestatten. Immer, wenn ich in den darauffolgenden Wochen einen der großen, trägen Busse mit dem Fahrrad überholte, kam mir in den Sinn, dass in der nächsten Sekunde mein Leben zu Ende sein könnte. Die Bedeutung des lateinischen Wortes „terror", „Schrecken", konnte ich auf diese Weise genau spüren.

Heutzutage gibt es keine Terroranschläge in der Jaffa Street mehr. Die strengen Sicherheitskontrollen an jedem öffentlichen Gebäude und vor allem der „Sicherheitszaun" tun ihre Wirkung. Es sind Tempi passati, in denen in den westlichen Büros Witze die Runde machten wie „Hast du beim Maschinenschreiben das System Arafat? Alle halbe Stunde ein Anschlag!"

Natürlich ist es gut, dass diese Zeiten vorbei sind. Doch trotzdem wird die Mauer dem Frieden in Nahost mehr schaden als nützen, davon bin ich überzeugt.

Nachdem mir diese ungemütlichen Erinnerungen zum x-ten Mal durch den Kopf gegangen waren, stieg ich aus dem Bus und ging einen steilen Weg in ein Tal hinab. Nach Minuten nur tauchte ich in eine andere Welt ein, in der die Mandelbäume dufteten und ich wieder auf meinen Kompass angewiesen war.

Nach der langen Schreibarbeit am Vormittag – ich hatte mich um meinen Blog gekümmert und auf liborius.de über das Weihnachtsfest berichtet – tat der Weg gut.

Kurz vor dem Dunkelwerden stieg ich aus dem Tal nach Beit Iksa hinauf, und ein selbsternannter Taxifahrer brachte mich in der Dunkelheit die letzten Kilometer nach Al-Qubeibeh. Hinter hohen Mauern liegt hier ein prächtiger Garten mit uralten Bäumen, und in der Mitte steht das Altersheim, das die Salvatorianerinnen betreuen. Die Leiterin, Schwester Hildegard Enzenhofer, begrüßte mich herzlich, und zu meiner großen Freude gab es, ähnlich wie in Lk 24, auch noch etwas zu essen.

„Nun bin ich schon bald seit zehn Jahren hier", erzählte sie mir, und dann sprangen ihre Erinnerungen bis ins Jahr 1963 zurück: „Irgendwann war mir sonnenklar, dass ich den Salvatorianerinnen beitreten muss. Und als man mir vorschlug, nach Palästina zu gehen, da spürte ich genauso deutlich, dass das mein Weg ist."

Wir sind auf einer Wellenlänge, dachte ich spontan. Auch wenn mein Lebensweg anscheinend viel mehr Windungen und Knoten hat – dass man ab und zu etwas Wichtiges sonnenklar sieht, das kenne ich auch. Zum Beispiel, dass auch ich nach Palästina gehen musste – wenn auch für etwas kürzere Zeit.

„Genauso klar war es mir mit dem Startschuss für die Krankenpflegeschule auf dem Nachbargrundstück vor ein paar Jahren", fuhr die Ordensfrau fort. Anfangs habe es heftige Widerstände gegen das Konzept gegeben, dass die Studentinnen hier im Altersheim arbeiten und so ihr Studium finanzieren können. „Eine Studentin arbeitet nicht", habe es geheißen, oder sogar „Eine Frau arbeitet nicht". Oder der Bruder einer Studentin habe vor dem Haus gewartet, wenn sie Nachtdienst gehabt habe. Doch die Beharrlichkeit, mit der Schwester Hildegard offensichtlich gesegnet ist, hat sich ausgezahlt: Fünfzig bis hundert junge Frauen machen nun die „Nursery School" – ein Gemeinschaftsprojekt der Salvatorianerinnen mit der Universität Betlehem: „Die Uni macht das Wissenschaftliche, und wir machen den Rest."

Mein Blick schweifte durch den gemütlichen, wenn auch nicht übertriebenen Empfang, in dem wir saßen, und blieb auf der Weltkarte hängen, auf der die Fähnchen der „Salvatorian Sisters“ verteilt sind. Vor ihrem Qubeibeh-Einsatz war Schwester Hildegard Generalvikarin des Ordens.

„Etwas Zentrales in unserer Spiritualität ist das ‚alles‘ und das ‚alle‘“, erklärte sie mir. „Wir wollen für alle Menschen da sein, in allen Kulturkreisen, und mit allen Mitteln durch unsere Nächstenliebe von Christus erzählen. Bekehren wollen wir die Muslime nicht, sondern wir helfen ihnen, gute Muslime zu werden. Das macht Eindruck; wir haben den Ruf, dass alles, was wir tun, gut ist.“

Für 6.30 Uhr war anderntags die eucharistische Anbetung angesetzt. Ich schlief wie ein Murmeltier, doch zum stillen Gebet zusammen mit den Ordensschwestern fand ich mich pünktlich ein. Die Frauen beendeten es mit dem Vaterunser und mit der inständigen Fürbitte um Frieden im Land. Weil sie zu ihren Patientinnen mussten, blieb für das Frühstück nicht allzu viel Zeit.

Nicht ganz satt, doch angenehm berührt von ihrer guten Gemeinschaft, begab ich mich mit leichtem Gepäck an die Straßenecke hinab. Bald kam ein Bus, der mich bis Ramallah mitnahm. Die Strecke verläuft recht lang bedrohlich zwischen zwei senkrechten Wänden, und ab und zu verwandelt sich diese künstliche Schlucht in einen Tunnel. An diesen Stellen führen oben Siedlerstraßen über die Strecke, und die Israelis, die sie benutzen, müssen keine Anschläge befürchten. Andersherum sieht es anders aus: Immer wieder werfen extreme Siedler Gegenstände auf die Palästinenserstraße hinunter – lebensgefährliche Übergriffe, deren Täter aber davon ausgehen können, dass polizeiliche Untersuchungen im Sand verlaufen werden.

In Ramallah stieg ich in den Bus Richtung Universität Bir Zeit. Auf halber Strecke befindet sich der Sternberg mit einer Behindertentagesstätte, und dort traf ich die interimistische Direktorin Sumaya Farhat-Nasser – eine Frau, die mich seit mehr als 15 Jahren als Friedensexpertin tief beeindruckt.

Die promovierte Botanikerin spricht perfekt Deutsch, da sie bei den deutschen Diakonissen in Beit Jala ins Internat gegangen ist und in Hamburg studiert hat. Von 1982 bis 1997 dozierte sie Botanik an der Universität Bir Zeit, doch seither widmet sie sich – auf dem Boden ihres christlichen Glaubens – ganz der Friedensarbeit.

Ich besuchte sie, weil ich noch mehr von Palästinas wichtigstem Exportprodukt mitnehmen wollte. Als ich ihr gegenübersaß, spürte ich sofort etwas vom tiefen Frieden in ihr, und ich wusste, dass mein Geschenk, der eigentlich für meine Tochter reservierte Scherbenengel, genau passte. Ich wollte wissen, warum sie nicht verbittert. „Ich spüre den Segen Gottes, und dann bleibt kein Raum mehr für Verbitterung", erklärte sie, und zwar nicht in einem frömmelnden Ton, sondern ganz nüchtern. „Wut, Ärger und Zweifel darf man haben, aber Verbitterung zersetzt die Seele. Ich beschließe, mich davor zu bewahren. Auch mit Hilfe anderer Menschen, sogar Verstorbener. Und wenn es mir gelingt, dann kann ich lächeln."

Sumaya war gerade aus einer Schule zurückgekommen, in der sie Friedenserziehung machte. Heute war das Thema „Der Dialog mit mir selbst". „Mit mir selbst einen Dialog führen – ich bin doch nicht verrückt!", sei die erste Reaktion der Jugendlichen gewesen. Doch beharrlich sei sie beim Thema geblieben, erzählte Sumaya. Sie habe erklärt, dass sich in einem selbst mehrere Stimmen melden, wenn man Unrecht spürt: die aufgebrachte Stimme des Hasses und der Verbitterung und die ruhige Stimme der Gewaltlosigkeit. Der Dialog zwischen diesen Stimmen sei entscheidend, wenn man nach Frieden suche. „Und als die Jugendlichen das begriffen haben, da haben sie getrampelt vor Freude", berichtete Sumaya. Obwohl ihre Augen dabei leuchteten, sprach sie kurz darauf völlig sachlich davon, dass sie für den Nahen Osten keine Perspektive sieht. „Die israelische Gesellschaft ist voller Gewalt", analysierte sie. „Israel steht weltweit an erster Stelle, was Gewaltanwendung bei Kleinigkeiten, etwa beim Streit um einen Parkplatz, angeht. Das ist auf israelischer Seite die Folge der Perspektivlosigkeit. Und die Friedensbewegung wird dort nicht stärker. Die Leute in Israel wollen nichts sehen, nichts hören und nichts wissen – auch wenn es gegen jede jüdische Moral ist, was Israel mit den Palästinensern tut." Was sie dann sagte, schockierte mich: „Es wird immer noch schlimmer, vor allem mit der Vertreibung, mit der Zerstörung von Häusern etwa in Jerusalem. Israel braucht eine Katastrophe, um zur Besinnung zu kommen."

Wir nahmen gemeinsam ein einfaches vegetarisches Essen in der Kantine ein, dann machte ich mich nachdenklich auf den Rückweg. Das Düstere und das Lebensfrohe sind bei Sumaya keine Gegensätze, wurde mir klar, als ich wieder Richtung Ramallah fuhr. Düster ist hier jede rationale Analyse, und rational ist diese Frau. Doch lebensfroh ist sie, weil sie ohne Wenn und Aber und trotz aller Rückschläge kompromisslos Ja zu Gewaltverzicht und Frieden sagt. Letztlich darum, weil ihr Glaube für sie eine unerschöpfliche innere Quelle ist.

Die Gedanken aus dem Buch „Freiheit – nichts als Freiheit" des lutherischen Pastors Jadallah Shihadeh, Hannelores Mann, kamen mir wieder in den Sinn: „Abraham hatte zwei Söhne, den Sohn der Sara und den Sohn der Hagar. Beide Kinder sind Verheißungsträger. Der Segen für den einen Bruder schließt den Segen für den anderen Bruder nicht aus. Aus dieser biblischen Geschichte der Hebräischen Bibel stammt meine These zum Konflikt zwischen Israelis und Palästinensern, nämlich: ‚Das Glück des einen Volkes hängt vom Glück des anderen Volkes ab', oder genauer gesagt: ‚Der Segen des einen Volkes hängt vom Segen des anderen Volkes ab.' Wir dürfen nicht vergessen, dass beide Kinder Abrahams miteinander gespielt haben, bis die Eifersuchtsgeschichte passierte ... Wir sollen uns einigen, bevor es zur Katastrophe kommt, und die Katastrophe ist nicht mehr weit von uns."[3] Es lief mir kalt den Rücken hinunter, als mir, im Sammeltaxi sitzend, klar wurde, dass Sumaya nicht die einzige bedeutende Stimme ist, die eine drohende Katastrophe skizziert.

Das Ziel für den Abend war Abu Gosh. Das Dorf wird überwiegend von Palästinensern bewohnt, liegt aber im israelischen Kernland. Früher ging man in 45 Minuten vom einen Emmaus zum anderen, heute versperrt die Mauer den Weg. „Du musst erst im Taxi nach Beit Iksa fahren", sagte mir ein Bäcker in Biddo. Beit Iksa – außerhalb der Mauer gelegen, sodass die Palästinenser dort zwischen allen Stühlen sitzen – liegt eigentlich viel zu weit östlich, aber was blieb mir übrig? Mit einem – wiederum selbsternannten – Taxifahrer einigte ich mich auf zehn Schekel. Wir kamen zum Ras-Biddo-Checkpoint, der, wie man munkelt, den Salvatorianerinnen zu verdanken ist und den Leuten aus der Region gewisse Erleichterungen bringt.

Ich mit meinem deutschen Pass erlebte oft freundliche Soldaten, doch dieser hier musterte mich, den mutmaßlichen Palästinenserfreund, mit Geringschätzung.

Zu Fuß ging ich eine Viertelstunde zum Ramot-Checkpoint, und Augenblicke später nur befand ich mich im israelischen Kernland. Nur kam ich von hier weder per Bus noch per Anhalter weg. Also zurück nach Beit Iksa und von dort hinunter zur Tel-Aviv-Schnellstraße!

3 Jadallah Shihadeh, Freiheit – nichts als Freiheit, S. 181.

„Wohin gehst du?“, fragten die Leute. Ich wollte nicht direkt antworten, sondern zeigte nur mit der Hand in die Richtung. Diese ominöse Richtung wurde schnell zum Dorfgespräch in Beit Iksa, zumal es hinunter zur Schnellstraße keinen Weg gibt. Vermutlich wird es nur noch ein paar Monate dauern, bis die auch für hier geplante Mauer Wirklichkeit ist.

Auf dem weglosen Abstieg wachsen dort farbenfrohe Blumen von großer Artenvielfalt und Schönheit, so etwa rote Bergtulpen und weiße Lilien. Unten im israelischen Kernland angekommen, nahm mich nach 20 Minuten eine Israelin mit, und eine Dreiviertelstunde später suchte ich in Abu Gosh den Eingang in der Klostermauer. Da er nicht zum Vorschein kommen wollte und da ich mich nicht in unmittelbarer Nähe zum Tempelplatz befand, überkletterte ich die Mauer kurzerhand.

Ein paar Minuten später begegnete ich einem der Mönche. „Wir leben hier wie in einer Burg“, erklärte mir Bruder Olivier. Nach dem unüblichen Ende meines unüblichen Emmausganges ein paar Minuten zuvor, das er wegen der vielen Sträucher innerhalb der „Burg“ aber nicht gesehen haben konnte, konnte ich ihm innerlich voll zustimmen.

Bruder Olivier erklärte mir, dass trotz der trutzigen Mauern viele hierherkommen, auch Israelis und muslimische Palästinenser. Im Augenwinkel sah ich, dass eine Gruppe Soldatinnen in die „Burg“ gekommen war, vermutlich durch so etwas wie einen Eingang.

Das Abendgebet begann um 18.00 Uhr. Zehn Mönche und zehn Nonnen sangen voller Klarheit und teilweise vierstimmig das Lob Gottes, geradezu überirdisch schön. Eine Besonderheit stellte das Gebet „in Zungen“ dar, auf das Paulus in 1 Kor 12,10 Bezug nimmt. Nur etwa zehn Sekunden dauerte es, aber ich empfand es als sehr intensiv und angenehm. Die Mönche und Nonnen sangen dabei nur einzelne Silben, und das Schöne daran war, wie sich diese Art von Gotteslob, das ja keinem vorgegebenen Plan folgte, zu einem unbeschreiblich harmonischen Gesamtklang formte.

„Pass auf im Dunkeln“, warnte mich einer der Mönche beim Abschied. „Nicht so sehr in Beit Iksa, aber auf dem Weg könnte es gefährlich werden.“ „Ach, wissen Sie, da ist gar kein Weg“, beruhigte ich ihn.

Nach erbittertem Feilschen mit einem israelischen Taxifahrer und einer schnellen Fahrt konnte ich bald mit diesem weglosen Aufstieg beginnen, der dank der umliegenden Siedlungen gar nicht wirklich dunkel war, sodass ich seine Stille – auch ohne Stirnlampe – regelrecht genießen konnte. Im Dorf oben sagten die Leute zu mir, die Hunde würden mich auf dem Weg nach Al-Qubeibeh töten, doch unbeirrt ging ich meinen Weg. Schließlich hielt doch noch ein Auto neben mir an, sodass ich die letzten Kilometer nach „Emmaus 1“ wiederum recht flott hinter mich brachte.

Bald schon ließ man mich ins Gelände der gastfreundlichen Salvatorianerinnen, und das schon vertraute Eisentor schloss sich hinter mir. Und plötzlich waren sie da, die Hunde, die zu allem bereit schienen. „Hier ist Christoph, ich traue mich nicht weiter, haltet die Hunde fest!“, schrie ich in die Nacht.

Nun ist es kurz nach 21.00 Uhr, und meine Expedition von Emmaus nach Emmaus ist beendet. Das tiefe Gespräch mit Sumaya, die prächtigen wilden Blumen, der Gesang in der Kreuzfahrerkirche und das glückliche Ende dieses Tages – ich habe einmal wieder viele Gründe, dankbar zu sein.

# DAS FINSTERSTE KAPITEL IN PALÄSTINA

*„Wir wollen für alle Menschen da sein."*
Sr. Hildegard Enzenhofer

Die Schwestern sind mir sympathisch, und offenbar kommen sie sehr gut miteinander zurecht (was in einer Gemeinschaft von lauter Frauen gar nicht selbstverständlich ist). Zweifellos lieben sie ihre Tätigkeit. Ihr Lachen, ihre Aufmerksamkeit gegenüber den Menschen um sie herum, ihre liebevolle Art gegenüber den Seniorinnen, die sie betreuen – das alles ist wie der paradiesische riesige Garten, der das Altersheim umgibt: großzügig, voller Leben, voller Kraft.

Ich begleite sie mit auf die Station und staune, wie viel Zeit die sechs Schwestern und die Stationshelferinnen für die alten Damen haben: Zeit zum Spazierengehen, Zeit für lange Gespräche, Zeit für ein entspanntes Anreichen einer Mahlzeit. Die Atmosphäre kennt keine Hektik, der Rhythmus tickt gemächlicher als in den meisten deutschen oder schweizerischen Heimen.

Als ich eine Patientin mit Brei füttere, spüre ich, wie sich mein Rhythmus an ihren Rhythmus angleicht, und es tut gut.

Dann begegne ich einer geistig behinderten Frau Mitte zwanzig. Sie ist einfach hier, weil es kaum stationäre Behindertenheime in Palästina gibt.

Was mir Schwester Hildegard nun erzählt, ist mit Abstand das Erschütterndste, das ich in den letzten Monaten meines Lebens vernommen habe.

„Diese Frau ist in einer Höhle aufgewachsen", erklärt sie und berichtet von der großen inneren Wachheit, mit der sie und ihre Mitschwestern in den Dörfern unterwegs sind. Wenn ihnen irgendwelche Gerüchte von Behinderten zu Ohren kommen, dann fragen sie behutsam nach. „Und so sind wir Schritt für Schritt auf die Höhle gestoßen – ein Loch, in das nur wenig Licht drang und das so schrecklich stank, dass ich diesen Gestank noch drei Tage lang in der Nase hatte. Die Frau hatte Ketten um den Bauch und Fußfesseln, die tief ins Fleisch eingeschnitten waren. So hatte sie zu leben – vom zweiten bis zum 18. Lebensjahr."

Das Thema Behinderte, verstand ich, ist das wohl dunkelste des palästinensischen Volkes. Wegen der häufig üblichen Heirat zwischen Cousins und Cousinen ist der Behindertenanteil höher als in westlichen Gesellschaften. Die Geburt eines behinderten Kindes gilt als Schande, und diese Schande versuchen viele zu verbergen. „Es gibt wohl Tausende ähnliche Schicksale – irgendwo versteckt in Palästina", schätzt die Ordensfrau vage.

Die Patientin, die Sr. Hildegard vor ein paar Jahren gefunden hat, kann nun in Begleitung spazieren gehen und schon fast selbständig essen – Riesenschritte, findet die Ordensfrau. Und auch wenn ich wenig Ahnung von Behinderten habe: Die junge Frau kommt mir glücklich vor.

Sr. Hildegard mutet mir noch eine andere Geschichte zu: eine Frau, die mit Hühnern im Stall leben musste und die sich noch jahrelang wie ein Huhn bewegte, wie ein Huhn scharrte und sich wie ein Huhn an den – nicht vorhandenen – Federn zupfte.

Auch diese Vorstellung geht mir durch Mark und Bein. Wer so mit einem menschlichen Wesen umgeht, verrät seinen Glauben – sei es nun die christliche Nächstenliebe oder sei es bei Muslimen die Barmherzigkeit Gottes.

Ich gehe nachdenklich zum Nachbargrundstück hinüber, wo die Franziskaner die Emmauskirche betreuen.

Der Hochaltar mit einer sehr gegenständlichen Reliefdarstellung des Emmausmahles wirkt etwas kitschig, und das Glas, das an einer Stelle des Fußbodens den Blick auf irgendwelche Ruinen freigibt, weist auf die Freude der Franziskaner an Archäologie und auf vergangene Zeiten hin – vielleicht sogar auf jene, in denen in Emmaus ein einladendes Gasthaus stand – wer weiß?

Der Garten mit römischen Hausfundamenten gefällt mir besser als die Kirche: Hier sprießen Krokusse und Osterglocken aus den Ritzen zwischen den uralten Kalkblöcken – eigentlich ein Ort, der perfekt zu Ostern passt, und so gesehen einer der schönsten Pilgerorte des Heiligen Landes überhaupt, finde ich. Gut, dass das noch nicht so viele wissen und mit dem Bus vorfahren.

Neben den Schwestern, den Studentinnen und den Zivis aus Deutschland arbeiten auch ein paar Handwerker im Altersheim, allen voran Muhammad Muhandis, wie er genannt wird, Muhammad der Ingenieur, den eine gute Freundschaft mit Schwester Hildegard verbindet.

Er zeigt mir in der Umgebung ein Haus, das noch extremer positioniert ist als das von Claire Anastas in Betlehem: Es ist ebenfalls von drei Seiten eingezäunt, doch so eng, dass jeweils nur noch ein paar Meter Platz bis zum Stacheldraht bleiben. An der vierten Seite hat es einen tunnelförmigen Zugang, der über ein Tor geregelt wird. Manchmal, erzählt mir Muhammad, kann der Besitzer nicht nach Hause oder von zu Hause weg. Manchmal kann er Gäste empfangen, manchmal nicht. Die Israelis haben es in der Hand, und die Öffnungszeiten sind von deren Lust und Laune abhängig.

Wir können hineingehen und den Besitzer besuchen. Eine lethargische Stimmung herrscht in seinem Haus. Ich habe das Gefühl, einem völlig verbitterten Menschen gegenüberzusitzen, einem, der innerlich zerbrochen ist. Er zitiert einen arabischen Publizisten mit den Worten: „Wo immer auf der Welt viel Leid geschah oder geschieht, stecken Juden dahinter.“ Darauf, die Härte dieser Worte auch nur im Ansatz zu mildern, verzichtet er.

Ich weiß nicht, was ich darauf antworten soll, und bin schließlich froh, aus dieser Art Gefängnis wieder draußen zu sein. Muhammad und ich fahren weiter, und so gut wie auf jedem Hügel sehen wir Siedlungen. Wir sehen abgezäunte, unpassierbare Siedlerstraßen, die das Land zerschneiden und viele sorgsam terrassierte Anbauflächen unerreichbar machen.

Muhammad stellt mir seinen Vater vor, ein unverkennbares palästinensisches Urgestein mit einem Gesicht voller Güte und Gemütlichkeit. Gerne trinke ich einen Kaffee, und der Mann macht sich mit seinem Kerosinkocher freudig ans Werk. Natürlich soll ich auch einen zweiten Kaffee trinken, doch beim dritten muss ich kapitulieren: So ein starkes Gebräu in solchen Mengen will ich meinem Nervensystem nicht zumuten.

Muhammad lädt mich zum Abendessen ein. Ich staune, wie perfekt er Küche und Wohnzimmer gebaut und eingerichtet hat, und denke an unser Haus in der Schweiz, dem man hie und da ansieht, dass kein „Muhandis“, sondern ein Theologe am Werk war.

Nach ein paar Minuten schon kommt seine Frau aus Bir Zeit nach Hause, wo sie an der Universität arbeitet. Sie ist hochintelligent wie ihr Mann und spricht genauso perfekt Englisch wie er, und die beiden verraten mir ziemlich schnell, dass sie sich auf ein Mädchen freuen. Wir verbringen einen lustigen und interessanten Abend: die Wissenschaftlerin, der „Muhandis“ und der Theologe.

# DIE FÜNFTGEFÄHRLICHSTE STADT DER WELT

*„Kinder können keine Feinde sein,*
*Kinder tragen keine Schuld."*
Ismail Chatib im Film „Das Herz von Jenin"

Nach meiner nun schon dritten Nacht in Al-Qubeibeh mache ich mich schweren Herzens auf den Weg nach Ramallah. Nur ungern lasse ich den Paradiesgarten, die liebenswerten Schwestern, Zivis, Alten und Behinderten zurück. Was Schwester Hildegard über die Spiritualität des „Alles" gesagt hat, geht mir nach – gerade weil ich das Gefühl habe, nach dem Motto „von allem ein bisschen" unterwegs zu sein.

Ein Sammeltaxi kommt und nimmt mich mit. Die obligatorische arabische Musik mit ihren melancholischen, klagenden Lauten scheint meine Gedanken in Töne zu kleiden.

Letztlich ist das Leben Auswahl. Weisheit heißt der innere Besitz der richtigen Auswahlkriterien. Meine Auswahl für heute: weg von Al-Qubeibeh, hinein nach Nablus zum Jakobsbrunnen und dann weiter nach Jenin. Ist die Auswahl weise? Es wird sich zeigen.

Der Sammeltaxifahrer will von mir zehn Schekel bis Ramallah, doch als ich beobachte, dass alle anderen ihm fünf zahlen, passe ich mich an. Schließlich will ich doch nicht aus der Reihe tanzen! Er ist zufrieden.

Wir fahren wieder durch den bedrohlichen Canyon nach Ramallah, und in null Komma nix geht es weiter nach Nablus.

Neben den arabischen und englischen Beschriftungen fällt mir das hebräische „Schechem“ auf den Wegweisern auf. Diese alttestamentliche Bezeichnung deutet einen gewissen jüdischen Besitzanspruch an, auch wenn Nablus A-Zone ist, also Gebiet, zu dem Israelis eigentlich keinen Zugang haben. Doch alle zwei Wochen dürfen die Juden zu ihrem Heiligtum in Nablus pilgern, dem Josefsgrab.

Genau erinnere ich mich an meinen ersten Besuch in der Stadt vor 14 Jahren. Ich stieg damals in brütender Hitze auf den Berg Garizim, auf dem das Heiligtum der Samariter stand, von dem noch einige ganz spärliche Steine zu sehen sind. Mehr als diese äußerst bescheidenen Überreste beeindruckte mich aber eine Schildkröte, die allem Anschein nach die Hitze mehr genießen konnte als ich. Es war die erste, der ich in meinem Leben in freier Wildbahn begegnete.

Ich war völlig ausgetrocknet, als ich endlich wieder unten in Nablus ankam und den Jakobsbrunnen aus Joh 4 (Gespräch Jesu mit der Samariterin) ausfindig machte. Er befand sich unter einer Art Kapelle inmitten eines grünen, bescheidenen Gärtchens, und ein griechischer Mönch ließ mich bereitwillig eintreten. Ich stieg hinunter zum Brunnen, blickte beeindruckt in den knapp dreißig Meter tiefen Schacht und sah neben mir einen Kübel mit kristallklarem Wasser. Ich trank und trank und trank – noch nie war mir Wasser so köstlich vorgekommen wie an dieser Stätte, deren Heiligkeit ich geradezu in mich hineinlaufen ließ.

Als ich aus dem Sammeltaxi steige, sehe ich die neue, riesige griechisch-orthodoxe Kirche, die sich seit knapp zehn Jahren über dem Brunnen erhebt. Ich trete ein, finde den Brunnen in einer Art Krypta und beuge mich wieder über den Schacht, um tief unten das lebendige Wasser zu sehen – lebendig darum, weil man nicht aus stehendem, sondern aus strömendem Wasser schöpft.

Ich bin wieder hier – dieses beruhigende, bergende Gefühl durchströmt meinen ganzen Körper. Ich trinke auch diesmal voller Genuss und denke daran, dass Jesus hier mit großer Sicherheit gewesen ist. Das Johannesevangelium verblüfft immer wieder durch sehr genaue Ortskenntnisse, und der Brunnen selbst heißt seit alttestamentlichen Zeiten so. Darum ist er eine der wichtigsten christlichen Stätten im Heiligen Land, und so will ich mich daranmachen, ihn zu fotografieren. Doch o je: Der Postkartenverkäufer, der bisher unbewegt in einer Ecke der Krypta gesessen ist, erwacht nun schlagartig zum Leben und erklärt ziemlich unwirsch, dass Fotografieren hier strengstens verboten sei. Widerwillig krame ich zwei Schekel heraus, kaufe ihm eine Postkarte ab und stelle befriedigt fest, dass sie kein Copyright trägt.

Eine Stunde später sitze ich endlich im Sammeltaxi nach Jenin. Es will und will nicht voll werden, doch bisher war ich auf dieser Reise nie dazu verdammt gewesen, untätig dazusitzen und einfach nur auf Mitfahrer zu warten. Ich behalte das Taxi im Auge, mache mir nicht allzu viele Sorgen um meinen mächtigen Rucksack, der darin bereits verstaut ist, und versuche, irgendwo auf dem Busbahnhof etwas zu essen zu finden. Doch so etwas wie eine Fressbude gibt es hier nicht. In dem Moment, als ich mich entnervt meinem hungrigen Schicksal fügen will, rufen mich drei Angestellte in ihr Büro: Sie sitzen um eine Schale mit feinstem Kichererbsenbrei, daneben ein großzügiger Berg Brot, und lassen es sich schmecken. Ich bin herzlich willkommen.

Im Vergleich zu diesen Männern bin ich vermutlich materiell sehr reich. Doch auch wenn ich mich für einigermaßen gastfreundlich und spontan halte: Würde ich es am Altstätter Bahnhof schaffen, einem fremdländisch aussehenden Menschen, zum Beispiel einem Schwarzafrikaner, spontan etwas von meiner Brotzeit abzugeben?

Die drei Männer, mit denen ich hier zusammensitze, sind wirklich reich. Denn sie können teilen.

Ich bin satt, habe meine Lektion gelernt, bedanke mich und gehe zurück zum Sammeltaxi. Prompt füllen sich die fehlenden Sitze in Windeseile, und eine halbe Stunde später bin ich in Jenin. Ich will Ismail Chatib treffen, der durch Marcus Vetters Film „Das Herz von Jenin" international bekannt geworden ist: Weil Ismails Sohn im Flüchtlingslager Jenin mit einer Spielzeugpistole herumfuchtelte, wurde er von israelischen Soldaten erschossen. Trotz dieser Tragödie stimmte Ismail zu, als man ihn fragte, ob man Organe des Toten – unter anderem auch das Herz – Patienten implantieren dürfe, darunter überwiegend Israelis.

Am Eingang des Flüchtlingslagers hängen riesige Märtyrerplakate. Jenin war früher, also vor der Mauer, die Hochburg zur Ausbildung islamistischer Selbstmordattentäter; heute zeugt die unverhohlene Verehrung der fanatisierten Verbrecher davon, was viele hier gerne tun würden, gäbe es nur die Möglichkeiten für Palästinenser, sich einfach mitten in eine israelische Menschenmenge zu schmuggeln.

Armut haust in diesen Straßen. „Hello, money, money", ruft ein Mann mir zu. Ein anderer nimmt mich fünfzig Meter mit dem Auto mit und bettelt um Benzingeld. Kinder begrüßen mich auf Hebräisch, denn wie die Israelis überhaupt aussehen, weiß die junge Generation nicht mehr. An ein Haus ist ein Hakenkreuz geschmiert.

Wer weiß etwas von Ismail Chatib? Jemand schickt mich in ein hübsches Wohnquartier außerhalb des Lagers, doch dort verliere ich die Spur wieder. Ein Autofahrer fährt vorbei, hält an, weiß nichts, doch lässt mich im Auto Platz nehmen. Er fährt zurück ins Flüchtlingslager, will mir unbedingt helfen, fragt diesen, fragt jenen. Vorbei geht es an einem gigantischen Plakat mit all den jungen Todesopfern, die das israelische Vorgehen gegen die zweite Intifada 2002 allein im Flüchtlingslager gefordert hat.

Der Autofahrer lässt nicht locker, obwohl wir gut und gerne eine halbe Stunde unterwegs sind. Ich bin froh, dass ich ihm wenigstens ein paar frisch gebackene Plätzchen anbieten kann. Irgendwann hat er die entscheidende Information, bringt mich ins hübsche Wohnquartier zurück und setzt mich kaum einen Steinwurf von dem Ort entfernt, wo wir die Odyssee begonnen haben, vor Ismails Haus ab. Ich bin geradezu beschämt von so viel Hilfsbereitschaft.

Ismail ist zu Hause, hat Zeit und lädt mich spontan zum Tee ein. Obwohl ich mich tunlichst bemühe, nicht die typischen Journalistenfragen zu stellen, die er schon hundertmal beantworten musste, sondern ihn anders zu „knacken", bleibt unser Gespräch doch irgendwie an der Oberfläche. Es ist, als hätte er eine Journalisten-Schutzschicht ausgebildet, die zu durchdringen mir nicht gelingen mag.

Das wirklich Spannende, das Ismail mir erzählt, ist, was „Das Herz von Jenin" alles ausgelöst hat: Der Regisseur Marcus Vetter stieß in der Stadt auf ein verfallenes, vor lauter Gestank nur mit Atemmaske betretbares Kino und fand Begeisterte aus aller Welt, die es wieder auf Vordermann bringen. Diesen Sommer muss es fertig sein, zum Filmfestival. Die Leute hier sollen etwas anderes sehen als Mord-und-Totschlag-Filme.

In ein paar Minuten bin ich am Kino, und im Haus nebenan kann ich übernachten und Freiwillige aus aller Welt, vor allem aus Deutschland, kennenlernen.

Sie renovieren das Kino, suchen Sponsoren, bieten Filmworkshops für Palästinenser an und machen Filme. Die Gesamtleitung liegt aber in palästinensischen Händen.

Steffi und Jule, zwei junge Frauen aus Deutschland, erzählen mir von ihrem Projekt: Bei einem Selbstmordattentat war unter den getöteten Israelis auch ein Friedensaktivist. Nachdem dessen Frau die Filmpremiere von „Das Herz von Jenin“ gesehen hatte, wollte sie mit der Familie des Attentäters in Kontakt kommen und fragte Marcus Vetter, ob man darüber einen Film machen könne.

Steffi und Jule nahmen sich zwei Monate Zeit, um mit der Familie des Attentäters zu sprechen. „Es war ein ganz schwieriger Beginn“, erzählt Jule. „Herzlich wurden wir schon empfangen, wie das hier üblich ist. Doch die Familie ist tief traumatisiert – zum Beispiel auch dadurch, dass sie Tag für Tag an den Ruinen ihres Hauses vorbeigehen muss.“ Ich weiß: Es war schon immer so, dass Israel das Haus eines Selbstmordattentäters zerstört hat, inklusive Verbot, es wieder aufzubauen.

Dass Steffi und Jule so viel Zeit und Energie aufbringen für etwas, dessen Ausgang völlig offen ist, beeindruckt mich sehr. Es ist wohl wie beim Klettern: Die bedeutenden Dinge sind die, von denen man zuvor nicht weiß, ob sie klappen oder nicht.

Ich erfahre, dass Jenin als fünftgefährlichste Stadt der Welt gilt. Wenn man vom Quotienten „Von Einwohnern verübte Morde geteilt durch Einwohnerzahl“ ausgeht, mag dies stimmen, denn als es noch zahlreiche Selbstmordanschläge gab, kamen viele Attentäter aus dem Flüchtlingslager, das mit all seiner Armut und Arbeitslosigkeit ein geeigneter Nährboden gewesen sein wird. Doch auch wenn inzwischen die Mauer die Selbstmordanschläge verhindert: Den Nährboden hat sie nicht entschärft, ganz im Gegenteil. Irgendwann wird sich die ganze Perspektivlosigkeit des Flüchtlingslagers ein Ventil suchen.

Die etwa zwanzig jungen Leute, die das Haus bevölkern, kochen zusammen das Abendessen. Natürlich habe ich hier, wo so viel internationale Zusammenarbeit koordiniert wird, die beste Internetverbindung des ganzen Nahen Ostens und kann meinen Blog schreiben.

Mir wird in der Gemeinschaft mit den Menschen, die hier zusammen arbeiten, diskutieren und lachen, überdeutlich, wie schön es sein kann, wenn das Leben unvorhergesehene Wendungen nimmt. In meiner bisherigen Arbeit waren meiner Kreativität immer enge Grenzen gesetzt gewesen, und ich lebte von der Hoffnung, diese Grenzen vielleicht langsam auszuweiten. Doch von ihrem Wesen her betrachtet, hat Kreativität keine Grenzen. Ehrlich betrachtet hätte ich mein Gefängnis schon längst sprengen müssen, schon vor über einem Jahr, als ich erstmals spürte, wie wenig mein Arbeitgeber selbständiges Denken schätzt.

Die ungeschriebenen Regeln, wie „man" sich möglichst unauffällig zu bewegen hat, ja eigentlich die Angst vor dem Leben … Könnte die Krise, in der ich mich beruflich befinde, mir vielleicht die Möglichkeit bieten, mich ehrlicher durchs Leben zu bewegen? Auch wenn ich dazu einmal etwas riskieren muss – wie Steffi und Jule?

Es ist gut, dass ich heute Morgen von Al-Qubeibeh aufgebrochen bin, wird mir klar. Es ist wie in einer großen Symphonie: Manchmal läuft ihr Rhythmus ruhig dahin, und manchmal sprudelt er geradezu. In diesen Tagen passiert ganz viel auf einmal, äußerlich und innerlich. Und ich bin mittendrin und spüre, dass es gut so ist.

## DIE FÜSSE KRIEGEN WIEDER ARBEIT

*„Ich will euch eine Zukunft und eine Hoffnung geben."*
Jer 29,11

Mittlerweile finde ich an meiner Reise zwei Dinge höchst erstaunlich: Erstens, dass ich meistens glücklich bin, und zweitens, dass ich stets an besonders schönen Orten übernachten kann. Natürlich hängt beides zusammen, aber gerade das Zweite ist, sozusagen bei Tage besehen, völlig verrückt: In der Nässe gelegen bin ich mit meinem Schlafsack sowieso noch nie, aber auch nie musste ich etwa die Bekanntschaft mit irgendeinem gesichtslosen Hotel machen, sondern es haben – abgesehen von den Wüstenbiwaks, wo ich meine Einsamkeit unter dem weiten Sternenmeer genoss – stets Gespräche mit viel Tiefgang mit zur Übernachtung gehört.

Das war gestern in Jenin so, und es ist heute in Ein Mahil so. Gerade habe ich meinem Gastgeber Walid auf Google Earth mein Haus in Altstätten gezeigt, und nun sprechen wir über die Situation arabischer Israelis.

Mein heutiger Weg nach Ein Mahil, einem Vorort von Nazaret, brachte mir immer wieder kleinere und größere Überraschungen. Interessant wurde es am Checkpoint von Jenin, den man nicht zu Fuß durchwandern darf: „Sie müssen in einem Auto sitzen", rief mir der Soldat aus dem Wachtturm zu. Zwei Euro für hundert Meter – das ergaben meine arabischen Verhandlungskünste. Der Grund für den hohen Preis wurde mir dann aber zunehmend klarer: Das Auto durchfährt – oder besser durchsteht – die Strecke in über einer Stunde!

Sämtliches Gepäck wurde durchleuchtet, die Kühlerhaube untersucht, die Reisenden befragt. „Dieser Checkpoint wurde errichtet, um den Handel in der Region zu beleben", war auf einem Schild zu lesen. Ich sah, wie ein Grabstein durch die Kontrollen getragen wurde, und hielt das für eine passende Illustration.

Nachdem ich meinen Rucksack und meinen Reisepass präsentiert hatte, durfte auch ich den Weg des Grabsteins nehmen. Unweigerlich musste ich daran denken, dass das Exportprodukt, das ich aus der Westbank mitnehme, mindestens so gewichtig ist, auch wenn es nichts wiegt: die Lehre von der Hoffnung im Kontext von Perspektivlosigkeit.

Die Straße nach Nazaret versprach lang und langweilig zu werden, und ohne allzu große Begeisterung stampfte ich los: die Jesreel-Ebene, bekannt für ihre Fruchtbarkeit. Also jede Menge flacher Boden mit Monokulturen darauf.

Heute ist Schabbat, kein Bus fuhr auf dieser Straße, die einfach nur überdimensioniert wirkte, und von den privaten Fahrzeugen wollte keines für mich anhalten.

Vielleicht war der Wechsel in den Wandermodus für mich allzu unsanft; genießen konnte ich diese trostlose Trasse anfangs jedenfalls überhaupt nicht.

Plötzlich war ich nun wieder ins Alleinsein hineingeworfen, und plötzlich hatte ich wieder viel Zeit. Wie weggeblasen waren meine schönen Überlegungen von gestern Abend – von wegen Mut zum Neuanfang. Im Gegensatz zur viel zu breiten Straße ist in meinem Leben kein Weg zu sehen, wie es weitergehen kann! Und die Wut, die ich so lange nicht mehr gespürt hatte, meldete sich wieder.

Was hatte ich bei Sumaya und bei all den anderen Meistern des inneren Friedens gelernt? Was konnte ich jetzt mit meinem Exportprodukt anfangen?

Ein paar Kilometer später verstand ich: Hier, in dieser

fruchtbaren Jesreel-Ebene, war innerlich wieder Wüste gefragt. Geistiger Verzicht. Hier, auf der geraden, geteerten Straße, musste ich darauf verzichten, eine solche Straße für mein Leben zu haben.

Unten im Negev war es mir doch so klar geworden, dass es keinen fixfertigen Masterplan für mein Leben gibt, sondern dass es darum geht, den heutigen Tag gut und sinnvoll zu verbringen.

Also schwor ich mir, alle Verbitterung innerlich von mir fernzuhalten, und beschränkte meine Gedanken auf einen Satz, wie ihn Sumaya hätte sagen können: „Ich weigere mich, die Hoffnung aufzugeben." Schritt für Schritt meditierte ich ihn. Es ging. Und ich ging weiter.

Ich liebe es, ab und an etwas Neues zu lernen – sei es Kupferrohre zu löten, eine Webseite zu gestalten oder mit Eispickeln im Fels zu klettern. In den Tagen in der Westbank hatte ich definitiv etwas gelernt! Ich war stolz auf mich.

So langsam die Straße ausgesehen hatte, so wichtig war sie plötzlich. Ich spürte, dass es wirklich etwas taugt, dieses palästinensische Exportprodukt.

Die letzten paar Kilometer nahm mich doch noch jemand mit, und bald stand ich vor der riesigen Kirche in Nazaret, von der ich immer noch nicht weiß, ob ich sie hässlich finden soll oder lieber nicht.

In Nazaret wohnen, ähnlich wie in Abu Gosh, zahlreiche arabische Israelis, also Palästinenser mit israelischem Pass. Sie leben auf israelischem Niveau, sodass die meisten von ihnen wesentlich wohlhabender sind als ihre Brüder und Verwandten im Westjordanland oder gar im Gazastreifen. Vermutlich weil Israel auch einen der ganz bedeutenden christlichen Wallfahrtsorte im eigenen Kernland haben wollte, wurden die Weichen so gestellt, dass Nazaret trotz der arabischen Bevölkerung nicht der Westbank zugeschlagen wurde.

Wie überall, so nimmt auch hier der Anteil der Christen ab und jener der Muslime zu. Ein riesiges Plakat an einer Moschee direkt vor der Verkündigungskirche machte mich stutzig: „Wenn jemand eine andere Religion als den Islam sucht, dann wird das von Gott nie akzeptiert, und im Jenseits wird er einer der Verlierer sein“, wird dort in riesigen Lettern der Koran zitiert.

Offenbar billigt es die Mehrheit der Nazarener, oder begrüßt es sogar, dass das Plakat hier hängt. Vielleicht, damit alle Christen, die hierherpilgern, dadurch die Gelegenheit haben, etwas nicht ganz Unwesentliches über den Islam zu lernen.

Ich machte einige Bilder der Verkündigungsgrotte. „Das Wort ist hier Fleisch geworden“, steht dort in lateinischen Worten auf dem Altar. Ich spürte, dass sich etwas ganz leise in mir sträubte. Ist es theologisch richtig, das „Das Wort ist Fleisch geworden“ aus Joh 1 mit der Verkündigungsgeschichte aus Lk 1 einfach zu vermischen? Oder ist es nicht gerade das Schöne an der Bibel, dass wir verschiedene Evangelien haben, die sich, wenn wir sie wortwörtlich nehmen, sogar teilweise widersprechen – was uns so ganz elegant den Hinweis liefert, dass wir sie eben nicht wortwörtlich nehmen dürfen?

Ist die Verkündigungsgeschichte eine kuriose biologische Beschreibung, wie in einem historisch und lokal genau fassbaren Moment eine Frau ohne Zutun eines Mannes schwanger wurde – genau hier und genau vor zweitausendsoundsovielen Jahren? Oder geht es um mehr, nämlich darum, wie ein Mensch sich ganz dem Geist Gottes überlassen hat? Mit welchen Worten aber hätte Lukas davon erzählen sollen, wenn nicht mit den Worten des Mythos?

Meine Gedanken vor der Verkündigungsgrotte schienen mir plötzlich sehr passend zu jenen auf dem Weg. Die Angst zu verlieren vor dem, was kommt – ich werde das nur können, indem ich möglichst stark auf den Geist Gottes vertraue. Ich fühle mich Maria, jener Frau, die sich Gottes Geist überlassen hat, sehr nahe – nicht durch die Grotte, nicht durch die – hässliche oder doch nicht hässliche – Kirche, nicht durch die lateinische Tafel, sondern durch diesen Gedanken.

Als ich das Gefühl hatte, für das Liborius-Magazin genügend Bilder im Kasten zu haben, setzte ich mich in den Bus nach Ein Mahil – ein arabisches Dorf außerhalb der Stadt, von wo meine Wanderung an den See Gennesaret weitergehen würde. Als ich eifrig die Karte studierte, fragte ein Mitfahrer, wohin ich wolle. „Nach Tabgha." „Und wo willst du die Nacht verbringen?" „Draußen, im Schlafsack." „Du kannst bei mir übernachten."

Weil sein Bruder gerade aus Jordanien zurückgekommen war, gab es heute Abend ein wahres Festessen, unter anderem mit gefüllten Hühnern. Die Gewürze schrieb Walid, mein Gastgeber, auf Arabisch in mein Buch, damit ich in Jerusalem davon kaufen kann.

Inzwischen sind wir beim Thema Politik angelangt. Während der zweiten Intifada sei es zwischen jüdischen und arabischen Israelis relativ friedlich gewesen, erzählt mir Walid. Doch bei friedlichen Demonstrationen seien an verschiedenen Orten insgesamt 13 arabische Israelis getötet worden. Die Fälle seien untersucht worden, doch den schuldigen israelischen Soldaten sei ausnahmslos Recht gegeben worden.

Walid berichtete auch von Arabern mit israelischem Pass rund um Jerusalem: So etwa gälten die Bewohner von Abu Gosh den „normalen" Palästinensern als die „guten Araber" und somit als Verräter. Walid wusste auch, dass der Fußballclub Jerusalem keine israelischen Araber mitspielen lässt.

Trotz allem: Das Verhältnis zwischen arabischen und jüdischen Israelis scheint insgesamt einigermaßen gut zu sein – schon fast ein Modell für eine mögliche israelisch-palästinensische Konföderation. Möglich wäre so vieles, wenn sich nur in den Köpfen etwas bewegen würde.

*Kaffee ist ein elementarer Teil arabischer Gastfreundschaft.*

*Ein Festmahl in Ein Mahil nahe Nazaret*

*Im Flüchtlingslager Jenin*

*Die Verkündigungskirche in Nazaret*

*Nablus: griechisch-orthodoxer Priester in der neuen Kirche über dem Jakobsbrunnen (Joh 4)*

*Das Nahal Amud: Wandern in Galiläa erinnert etwas an die Schweiz.*

*Der See Gennesaret von Kafarnaum aus*

## WANDERN – EIN BISSCHEN WIE IN DER SCHWEIZ

*„Vor allem muss Unmäßigkeit vermieden werden."*
Benediktsregel, Kap. 39

Nach der komfortablen Übernachtung traten mein Gastgeber Walid und ich vors Haus und stellten fest, dass es ziemlich heftig geregnet haben musste. Ich begriff, dass diese Nacht ohne die Begegnung im Bus vermutlich ungemütlich geworden wäre.

Walid und ich gingen durch Ein Mahil, eines der malerischsten palästinensischen Dörfer überhaupt. „Hier", sagte Walid plötzlich und zog mich am Ärmel. Ah, eine Bäckerei – und fast wäre ich vorbeigelatscht.

Der Bäcker grinste von einem Ohr zum anderen und freute sich über den ausländischen Gast im Dorf. In einem großen gewölbten Backofen lagen kastaniengroße Steine, und auf diese sehr unebene Fläche legte er kreisrunde, makellos geformte Teigstücke, die etwas größer als eine sehr große Pizza waren. Nach ein paar Sekunden nur waren sie fertig, und mit einem eleganten Schwung warf er die nun sehr eigenwillig geformten Brote auf einen Stapel.

Ich wollte zwei davon kaufen, doch der Bäcker wollte kein Geld. Nun, ich beschloss wenigstens, ihm beim Essen immer ein paar gute Gedanken zu schicken.

Walid und ich erreichten die Dorfgrenze und blickten auf den Berg Tabor, der sich in wenigen Kilometern Entfernung stolz aufbaute. Nach alter Tradition wird hier die Geschichte von der Verklärung Jesu auf dem „hohen Berg" lokalisiert.

1996 war ich eines Nachmittags von Tabgha, meinem heutigen Wanderziel, mit meinem Fahrrad an den Fuß dieses Berges gefahren, um dann zu Fuß bis zum Gipfel zu gehen. Ich hatte zuvor lange nichts mehr gegessen – nur ein Käsebrot in Tabgha – und unterwegs keinen Laden gefunden. Etwa in der Mitte des Aufstiegs traf mich wie ein Schlag das Gefühl einer Unterzuckerung, wie ich sie noch nie erlebt hatte. Was tun? Wenn ich umkehrte, würde der Weg nach Tabgha noch weit sein. Wenn ich aufstiege – würde ich das schaffen? Und würde ich im Franziskanerkloster auf dem Gipfel etwas zu essen bekommen? Ich entschied mich für den Aufstieg. Schritt für Schritt kämpfte ich mich nach oben. Ein Franziskaner öffnete mir die Tür. Ja, ich dürfe am Abendessen teilnehmen, sagte er, aber zuerst sei noch Gottesdienst. Auch diesen überlebte ich, doch ich glaube, wenn er noch etwas länger gewesen wäre, hätte ich Halluzinationen bekommen. Was für den Berg der Verklärung gar nicht so unpassend gewesen wäre. Nach dem Essen ging und radelte ich geradezu beschwingt nach Tabgha. Mein Körper erinnerte sich anscheinend nicht im Geringsten daran, was gewesen war.

Walid und ich verabschiedeten uns voneinander, und ich machte mich auf den Weg durch frisches Gras mit Wiesenlichtnelken, Bergtulpen und vielen anderen farbenfrohen Blumen. Ich hatte mich durch einen dichten Wald zu schlagen, und überall sah ich kräftiges Grün. Ein bisschen wie in der Schweiz, fand ich.

Immer wieder waren Regenschauer meine Begleiter. Doch das Glück war mir treu, und sie hielten sich in Grenzen. Sobald sich die Sonne dann aber auch nur ganz zaghaft zwischen den Wolken hindurchwagte, begannen meine Kleider zu dampfen und waren bald schon wieder halbwegs trocken.

Bald musste ich die breite Straße in der Nähe der Golani-Kreuzung überqueren und auf einen Hügel steigen, bevor ich in eines der berühmtesten Täler Israels kam: das Taubental. Es heißt so wegen der unzähligen Löcher in den begrenzenden, oft senkrechten Tufffelsen, die aussehen, als seien sie eigens für Tauben gemacht – was freilich äußerst unwahrscheinlich wäre.

Berühmt ist das Taubental aber nicht nur wegen seiner Schönheit, sondern auch weil man sich gut vorstellen kann, dass auch Jesus diesen Weg von Nazaret an den See Gennesaret oft genommen hat. Er fühlte sich vom See angezogen, was ich gut nachempfinden kann.

Es war schon dämmrig, als ich die malerische Landschaft des Taubentals hinter mir ließ und zwischen verschiedensten Plantagen einen Weg zum Ufer des Sees suchte. Langsam, aber sicher schien sich ein Gewitter zusammenzubrauen, so stark, dass höchst weihnachtliche Gefühle in mir aufsteigen würden, wenn die Wolken erst einmal über mir wären.

Doch was blieb mir: Ich erreichte die Straße und begann einen Wettlauf mit dem Gewitter. Man kann sich gut vorstellen, wer gewann. Doch kaum ging ich ein paar Minuten durch die Regenmassen, erbarmte sich ein junges Pärchen meiner und ließ mich ins Auto steigen.

Bei der genauen Suche nach dem Benediktinerkloster im Dunkel der Nacht wurde ich dann doch noch bis auf die Haut durchnässt. Schließlich stand ich vor einem kompromisslos aussehenden Eisentor. Eine Klingel war nicht zu finden. Was sollte ich tun?

Sämtliche Gedanken an Mamlukenarchitektur einerseits und an Mister Bean andererseits verdrängend, aktivierte ich meine Kletterkünste und hastete auf der anderen Seite weiter, bis ich eine große überdachte Stelle fand. Das Kloster wirkte wie ausgestorben. Wo gab es hier lebendige Menschen?

Plötzlich drang vertrauter Gesang an meine Ohren, und ich verstand: Alle waren zum Abendgebet in der Kirche versammelt. Ich schlich mich hinein, und die lebendigen Menschen – fünf Mönche (die alle relativ jung und mir daher unbekannt waren) und fünf Laien – blickten mich an mit Gesichtern, die die Frage „Wo kommst du denn her“ geradezu verkörperten. Ich meinerseits nahm erstaunt zur Kenntnis, wie jedes Gesicht dies auf je andere Art tat. Wären die Leute hier gerade mit Essen beschäftigt, dann wäre mein Auftritt viel peinlicher, ging es mir durch den Kopf. Aber das Gebet schaffte die Möglichkeit, langsam in die Gemeinschaft dieser Menschen, die sich offenbar alle recht gut kannten, hineinzufinden.

Tabgha ist eine Außenstation der Dormitio, und es wird Deutsch gesprochen. Um zu zeigen, dass ich kein ganz Fremder bin, und auch weil es mir ein wichtiges Anliegen ist, brachte auch ich eine Fürbitte ein, „für die, die Frieden stiften in diesem Land“.

Nach dem Schlusssegen kam dann endlich jene Frage, auf die mich vorzubereiten (inhaltlich, kommunikationstaktisch, spirituell) ich nun wahrlich genug Zeit gehabt hatte. Heißt es nicht schon in der Bibel „die Wahrheit wird euch frei machen“?

Zum Glück war das Gewitter noch in vollem dramatischem Gange, sodass meine Kletterkünste auf gewisses Verständnis stießen. „Ich brauche einfach ein trockenes Plätzchen und kann auch gerne meinen Schlafsack im Kreuzgang ausrollen, da wäre ich schon glücklich“, erklärte ich.

Doch natürlich wollten die Benediktiner ihrer Regel, in der die Gastfreundschaft ein großes Gewicht hat, alle Ehre erweisen. Sie holten einen Schlüssel und hießen mich in einem perfekten Gästezimmer willkommen, in dem es eine Dusche und sogar einen Heizkörper gab, auf den ich meine nassen Sachen legen konnte.

Doch es kam noch besser: Zusammen mit den anderen, also den wenigen Gästen und den fünf Mönchen, durfte ich mich zu einem geradezu festlichen Sonntagsessen einfinden, das auch für mich Hungrigen ausreichte. Man befand sich ja nicht umsonst am Ort der Brotvermehrung.

Das Mahl fand mit einem Besuch im gemütlich eingerichteten Schnapszimmer (bestimmt klingt dessen offizielle Bezeichnung etwas frommer) einen würdigen Abschluss. Jeder durfte sich eine Sorte wünschen, und der Cognac, den ich bekam, vertrieb auch das letzte bisschen Kälte aus meinen Gliedern.

An der folgenden Komplet, dem Nachtgebet, hatte der Herr im Himmel sicher seine Freude. Denn die Klarheit und Schönheit unseres gemeinsamen Gesangs verriet, dass auch diesmal die Benediktsregel ernst genommen worden war, in der es auf so gut wie jeder Seite heißt, dass man stets das rechte Maß halten und es nie übertreiben solle: weder mit der monastischen Askese noch mit dem Schnaps – Originalton Benedikt von Nursia: „Zwar lesen wir, Wein passe überhaupt nicht für Mönche. Aber weil sich die Mönche heutzutage davon nicht überzeugen lassen, sollten wir uns wenigstens darauf einigen, nicht bis zum Übermaß zu trinken, sondern weniger." (Benediktsregel, Kapitel 40)

## BLÜTEN, ENTEN, WASSER. UND TOTE STEINE

*„Er ist auferstanden; er ist nicht hier."*
Mk 16,6

Den neuen Tag kann ich erst erahnen, doch mein Handy zeigt 5.30 Uhr. In einer Viertelstunde beginnt die Messe. Obwohl oder gerade weil die letzten Tage so wild waren, bin ich dankbar für die klare Tagesstruktur.

Ich fühle mich wohl in dem schlichten, doch feierlichen Gottesdienst und spüre etwas vom Geist aufrichtiger Gottes- und Menschenliebe, die mir schon im Hauptkloster, der Dormitio in Jerusalem, aufgefallen war.

Die Brotvermehrungskirche birgt den wohl berühmtesten Quadratmeter eines Bodenmosaiks überhaupt: den Korb mit den fünf Broten und zwei Fischen aus dem 6. Jahrhundert. Noch älter und noch kunstvoller sind aber die Mosaike mit den Flusslandschaften aus der Mitte des 5. Jahrhunderts. Kein Wunder, dass mich die Enten und Lotosblüten immer wieder aus der Andacht entführen – in ein Land, das tausendmal tausend Geheimnisse birgt: Ägypten.

Die Blüten im riesigen Klostergarten sind noch schöner als das Mosaik, und der kräftige Quell, der mitten im Garten entspringt, stellt den Nil auf dem Mosaik ebenfalls in den Schatten. Es ist ein wahres Paradies, in dem die Mönche – wie vor 14 Jahren auch schon – jeden Sommer die Zelte aufstellen, um palästinensische Jugendliche mit Behinderung fürs Ferienlager zu beherbergen.

Fast widerwillig verlasse ich das Paradies und mache mich auf einen zwanzigminütigen Fußweg am Ufer des Sees Genesaret. Bald schon schaffen eine gleißende Sonne, schwarze Wolken und der spiegelnde See eine dramatische Stimmung, die mich immer mehr in ihren Bann zieht. Lange Minuten stehe ich am Ufer, bevor ich nach Kafarnaum weitergehe, wiederum im Dienst des Liborius-Magazins. Das Haus des Petrus und die Synagoge, von der Teile des gut sichtbaren Fundamentes in die Zeit Jesu zurückreichen könnten, sind für Christen Highlights der Archäologie.

Die meisten besuchen die Kirche in Kafarnaum nur ein einziges Mal in ihrem Leben, und die meisten vergessen diesen Besuch anschließend für den Rest ihres Lebens nie mehr. Auch ich könnte Kafarnaum, bevor ich eintreffe, noch genau malen, obwohl ich erst einmal, nämlich vor 14 Jahren, hier gewesen bin.

Der Architekt Antonio Barluzzi hat das immer gleiche Dilemma originell gelöst: Man will über einer altehrwürdigen, archäologisch bedeutsamen Stätte eine Kirche haben, doch kein Gebäude mitten in eine Ausgrabung pflanzen. So schwebt nun, von schrägen Stahlbetonträgern gehalten, eine Ufo-artige Kirche mit einem Glasboden direkt über jenem Haus, das seit der zweiten Hälfte des 1. Jahrhunderts als das Haus des Petrus angesehen wird.

Alle paar Minuten schüttet ein Reisebus eine große Schar Menschen mit Papierhütchen in dieses Ufo. Alles ist auf Massenbetrieb eingestellt, und anders als in der Jerusalemer Grabeskirche hat das für meine Begriffe liebenswerte Chaos hier kein Refugium mehr.

Früher hätte ich mir diesen ketzerischen Gedanken nicht erlaubt: Irgendwie ist das heutige, perfekt funktionierende Kafarnaum ein großangelegtes Beschauen von toten Steinen.

Natürlich: Viele Pilgergruppen feiern einen Gottesdienst in der Ufo-Kirche, und ich denke auch, dass sie ein für liturgische Handlungen sehr geeigneter Raum ist.

Doch sind die alten Steine, die schon rein architektonisch hervorgehoben werden, wirklich so bedeutsam? Ich bin mir jedenfalls sicher, dass man den Auferstandenen nicht zwischen ihnen antreffen kann, sondern nur dort, wo die Menschen ihren Glauben und ihre Hoffnung teilen und der Liebe Raum geben.

Es ist schon Mittag, als ich mit meinem dicken Rucksack endlich Tabgha verlasse, um das nächste malerische Tal anzusteuern, das Nahal Amud. Meine vagen Erinnerungen an 1996, als ich das Tal einmal in der anderen Richtung, also bergab, durchwanderte, sagen mir, dass es nicht so einfach werden wird wie das Taubental gestern. Ich nähere mich auf einer Nebenstraße ganz allmählich dem Eingang, als der nächste Gewitterregen angreift. Das Gleiche wie gestern passiert: Nach ein paar Sekunden kommt ein Auto, lädt mich ein und nimmt mich mit. Auch wenn es nur ein Kilometer ist, bin ich dankbar, denn so bleibe ich trocken. In einer Bushaltestelle warte ich ungeduldig auf die Überraschungen, die das Tal für mich vermutlich bereithält.

# NAHAL AMUD: GANZ IM GRÜNEN BEREICH

*„Wenn du durchs Wasser schreitest, bin ich bei dir, wenn durch Ströme, dann reißen sie dich nicht fort."*

Jes 43,2

Der Gewitterregen verschwindet so plötzlich, wie er gekommen ist. Ich trete unter den nun trockenen Himmel und wage die ersten Schritte ins „Wadi mit Säule", wie das Tal übersetzt heißt, und nach ein paar Minuten erblicke ich auch schon den etwa fünfzig Meter hohen Felszahn.

Offenbar will er sich für den vermutlich einzigen Wanderer dieses Monats schön machen: Als ich näher komme und den Fotoapparat herauskrame, präsentiert er sich in strahlendem Sonnenschein. Vielleicht will er mir auch sagen: Komm doch herauf, wenn du kannst! Doch dazu habe ich, wenngleich erfahrener Kletterer, ohne Partner und Seil keinen Mut. Ich muss grinsen: Der einzige der völlig authentischen, unveränderten Orte in Galiläa, an dem Jesus sicher nicht war … Doch hier unten gestanden und nach oben geschaut hat er vermutlich. Mit weniger Gepäck auf dem Rücken, und an den Füßen Sandalen.

Dafür aber bestimmt nicht im Januar, geht es mir durch den Kopf, als ich vor mir den Weiterweg erblicke, der durch einen reißenden Bach verläuft.

Dort muss ich durch. Die Mühe, die Schuhe auszuziehen, mache ich mir nicht: Erstens kommt mir der Boden nicht gar so heilig vor, zweitens sind meine Füße nach dem Luxus in Tabgha ausnahmsweise sauber, und drittens spüre ich instinktiv, dass es bei Weitem nicht bei einer Bachquerung bleiben wird.

Zumindest vom dritten kann ich mich beim Weiterweg mit völliger Sicherheit überzeugen. Das Tal ist eng, der Bach rücksichtslos. Von rechts nach links, von links nach rechts, immer wieder muss ich durch, das Wasser oft bis zu den Oberschenkeln, kurzum: eine treffliche Möglichkeit, Jes 43,2 zu meditieren. „Wenn du durchs Wasser schreitest, bin ich bei dir, wenn durch Ströme, dann reißen sie dich nicht fort.“ Meditation kann man in jeder Körperhaltung betreiben, zum Beispiel mit Händen, die tapfer die Bergstöcke umklammern.

Im Babylonischen Exil sind die Worte entstanden. Der Verfasser wusste nicht, wie der Weg seines Volkes Israel weitergehen würde. Nur eines war ihm klar: Absaufen werden wir nicht. Gott ist dabei. Ich denke zum x-ten Male an meine Lebenssituation: Exakt acht Tage bis zur offiziellen Erlangung jenes Status, den poetisch Veranlagte „auf der Straße stehen“ nennen. Durch das Wadi gehen ist schöner. Auch wenn die Kälte langsam weh tut.

„Die Ströme reißen dich nicht fort.“ Vor Wasser habe ich sowieso keine Angst, und die Bergstöcke sagen: knapp, aber im grünen Bereich. Hier, in dieser – na ja – anschaulichen Situation fällt mir das Vertrauen leichter als etwa vorgestern auf der breiten Straße nach Nazaret. Lieber bin ich hier.

Auch wenn die Sonne schon seit Längerem wieder verschwunden ist und es regnet. Mal mehr, mal weniger, ganz analog zum Pegelstand auf meinem Weg. Wasser oben und unten. Bald sind nur noch Rücken und Bauch trocken. Und Letzterer fühlt sich leer an. Die zwanzig Kekse und das verbleibende halbe Brot aus Ein Mahil müssen bis Safet reichen. Knapp, aber im grünen Bereich, sagt der Bauch. Plötzlich zeigt sich die Sonne noch einmal, nur für Minuten. Es ist bereits Abendsonne. Ich freue mich, halte inne, gehe weiter – und zähle bald die 24. Flussquerung. Das Übernachtungsproblem beginnt allmählich konkret zu werden. Schon daheim hatte ich für diese Etappe auf jene eigentümlichen Steinschuppen gesetzt, die die Kreuzfahrer gebaut haben und die seit acht Jahrhunderten hier stehen.

Im Februar 1996 war es gewesen: Zusammen mit einem evangelischen Theologen, seines Zeichens Marathonläufer, machte ich die legendäre Yam-Yam-Tour: Yam heißt Meer, und die Wanderung verläuft vom Mittelmeer bis zum „Yam Kinneret", dem See Gennesaret. Der Bach war nirgends so reißend wie hier, doch es regnete meist in Strömen. Ein Kreuzfahrerschuppen irgendwo im Nahal Amud bescherte uns trotzdem ein trockenes Lager.

Nur, das wird mir nun klar, dieser Schuppen muss viel weiter oben gewesen sein. Oberhalb von Safet. Auf die weiter unten gelegenen Schuppen hatte ich damals nicht mehr geachtet. Doch nun sehe ich, dass sie alle unbrauchbar sind: Die ersten, an denen ich vorbeigekommen bin, waren beide verfallen. Ein paar Minuten nach der Jubiläumsflussquerung, nämlich der 25., kommt wieder einer. Sein Dach ist nicht eingestürzt! Ich schöpfe Hoffnung. Doch als ich näherkomme und hineinblicke, tropft es so stark durch die Decke, dass ich auch gleich draußen schlafen hätte können – eine ungemütliche Vorstellung.

„Die Ströme reißen dich nicht fort." Ich bitte den lieben Gott, diese Verheißung auch in Hinblick auf das Nachtlager wahr zu machen, und gehe etwas beunruhigt weiter.

Langsam beginnt es zu dämmern. Es wird eng. Denn mit der Stirnlampe durch dieses Gelände zu traben, ohne Handyverbindung und mit der Garantie, dass in den nächsten paar Wochen hier niemand mehr vorbeikommt, ist nicht jedermanns Sache.

Dort drüben – wieder ein Kreuzfahrerschuppen. Mit Dach. Erneut keimt in mir freudige Erregung auf. Ich packe die Stirnlampe aus und klettere hinein. Auch hier tropft es kräftig von oben, doch in dem großen, mindestens 15 Meter langen und sechs Meter breiten Raum gibt es eine einzige kleine Stelle, die trocken ist. Ich räume ein paar Steinbrocken zur Seite. Einen halben Quadratmeter groß ist die entstandene Fläche, genug für den Kopf. Der Rest kann in der Nässe liegen; mein Biwaksack ist dicht.

Ich schmunzle: knapp, aber im grünen Bereich. Zur Feier des Abends gibt es fünf Kekse und zweihundert Quadratzentimeter Ein-Mahil-Brot. In den Tiefen meines Rucksacks wartet trockene Kleidung. Und bald schon träume ich in meinem „Hotel zum wackeren Kreuzritter" von gewaltigen Flüssen, durch die ich zu waten habe, wie mein Namenspatron. Doch Alpträume sind es nicht: Ich habe keine Angst und fühle mich irgendwie – cool.

# DER BEGLEITER

*„Zwei sind besser als einer allein …“*
Koh 4,9

Das „Hotel zum wackeren Kreuzritter“ ist tatsächlich das einzige „Hotel“ in der ganzen Gegend, staune ich anderntags, als ich mich nach zwei Stunden langsam der Künstlerstadt Safet nähere. Mühsam ist der Weg dort hinauf, schließlich wollen zwischen dem See und ihr anderthalbtausend Höhenmeter bewältigt werden. Im ersten Laden bleibe ich hängen, setze mich gegenüber auf meinen Rucksack und nehme einen ausgiebigen Brunch ein.

In einem winzigen Internetcafé, das fast zu klein ist, um dort den Rucksack abzustellen, lese ich meine Mails. Meine Bewerbung als diakonischer Mitarbeiter in einer Pfarrei wurde abgelehnt, erfahre ich. Wenn sie mich doch wenigstens eingeladen hätten!

Die Mail trifft mich wie ein Hammer, zumal es meine Einschätzung zu bestätigen scheint, dass Leute, die in einen Konflikt involviert waren, bei der Kirche nicht mehr gefragt sind. Ich sehe jetzt keine Perspektive mehr.

Was hatte ich bei Daoud gelernt – was muss man in so einem Fall machen? Ein Projekt. Was hatte ich bei Sumaya gelernt – was muss man sich verbieten? Die Verbitterung.

Ohne zu viel nachzudenken, zwinge ich mich zu einer neuen Folge meines Blogs, die ganz ohne Verbitterung sein soll. Die großartigen Erlebnisse in Ein Mahil, Tabgha und im Nahal Amud machen mir die Arbeit leicht. Es tut gut, geistig noch einmal so richtig in die Wassermassen und ins Hotel zum wackeren Kreuzritter hineinzugehen. Und ich versuche daran zu glauben, dass so unvermittelt wie mein Hotel eben doch ein neuer Job für mich auftauchen wird, auch wenn ich nun keine Ahnung mehr habe, woher er kommen soll.

Das idyllische Safet sorgt dafür, dass ich auch nach dem Internetcafé keine Zeit für Traurigkeit habe. Ziellos tummle ich mich in den vielen Künstlerateliers und bestaune hebräische Kalligrafie, Ölgemälde, Aquarelle und Keramik.

„Hi", höre ich eine Stimme. Sie stammt von einem jungen, bärtigen Israeli, der, wenn wir gerade in der Westbank wären, glatt als Siedler durchgehen könnte. „Hi", antworte ich irritiert. „Bist du ein Alpinist?", will der Mann wissen. Keine typische Siedlerfrage, und überhaupt eine höchst ungewöhnliche Frage in einem Land, dessen bergsportliche Aktivitäten mir ähnlich intensiv vorkommen wie auf der Insel Rügen. Doch eine Sekunde später dämmert es mir: Es ist mein Faserpelz, auf dem „Österreichischer Alpenklub" steht, und mein Filzhut mit den Abzeichen des schweizerischen sowie des italienischen Alpenclubs. Letzterem gehöre ich nicht an, doch die Hutnadel fand ich auf einem berühmten Dolomitengipfel und wollte sie nicht gleich verschrotten.

„Ja", antworte ich also zögerlich. „Woher kommst du?", fragt der Mann und erhält die Israeli-Antwort „Aus der Schweiz." – „Und dort gehst du bergsteigen?" – „Ja, ziemlich viel." – „Darf ich dich mal in der Schweiz besuchen? Wir könnten zusammen bergsteigen." „Jederzeit", antworte ich ohne Umschweife. Unter Bergsteigern ist man schließlich unkompliziert. Ich muss von Gipfelhöhen, Granit und Gletschern erzählen.

„Wir könnten doch auch hier zusammen wandern gehen", schlägt der Mann vor. „Gerne", antworte ich. Unter Bergsteigern ist man spontan.

Ohad, so heißt er, lässt mich in seinem offenbar sehr betagten Pickup Platz nehmen. Er bastelt an seiner Musikanlage herum und ist völlig überrascht, als sie funktioniert. Ich muss die Überraschung teilen, denn Drähte und Lautsprecher liegen irgendwo wirr im Auto herum. Nicht nur innen, sondern auch auf der Ladefläche sieht es – nun ja – unschweizerisch aus: Neben meinem und seinem Rucksack stehen ein alter Kanister, ein Petroleumkocher und viel, viel Müll.

Ich darf eine CD auswählen, und weil es kalt ist hier oben in Safet, entscheide ich mich für „Sunshine" von Jimmy Hendrix. Ja, die Sonne scheint, doch inzwischen nicht mehr auf uns, sondern auf jene gewaltigen Schneehänge, die sich uns in diesem Augenblick präsentieren: der Hermon, der die Grenze zu Syrien und zum Libanon markiert und dessen Wintergewand in seiner Schönheit geradezu unwirklich zu uns herüberstrahlt. Erst letzte Nacht, die ich regensicher in meinem „Hotel" verbracht hatte, muss der letzte Neuschnee gefallen sein.

Ich weiß, dass man den Hermon nicht einfach so besteigen kann wie einen 2814 Meter hohen Berg in der Schweiz: Seine obersten Regionen sind gesperrt, und Soldaten patrouillieren rund um die Uhr, 365 Tage im Jahr. Ich kneife die Augen zusammen und mache zahlreiche Anlagen auf dem Gipfel aus – der einzige Makel im Anblick dieses sanft geformten Berges. Es sind allesamt militärische Anlagen, bestätigt Ohad meine Vermutung.

Er ist arbeitslos, doch lässt er es sich trotz seiner beschränkten Mittel nicht nehmen, mich zum Falafelessen einzuladen. Gerade heute, erzählt er, sei er aus Ägypten zurückgekommen. Wochenlang habe er in Kairo bei den Steinschnitzern zugebracht und sich dort sicherheitshalber für einen Rumänen ausgegeben. Immer mehr habe ihm das das Herz zerrissen: Wie gerne hätte er den freundlichen Ägyptern seine

Identität verraten! Doch vor diesem Risiko sei er zurückgeschreckt.

Ohads winzige Wohnung ist dank des – ebenfalls winzigen – Ofens recht heimelig und viel weniger chaotisch, als ich befürchtet habe. Ohad wohnt in Hulata, einem Kibbuz, der aber, anders als Neot Smadar, de facto ein normales Dorf ist, in dem man sich einfach gut kennt. Mit zwei Freunden von Ohad, einige Türen weiter, bereiten wir ein anspruchsvolles vegetarisches Essen zu, und Ohad bringt seine Erzählungen aus Ägypten mir zuliebe auf Englisch.

Ohads Zelt im Gepäck, gehen wir anderntags über die Jordanbrücke und orientieren uns ins Nahal Chamdal, um so auf die Hochebene des Golan zu kommen. Kalter, heftiger Wind und Minenfelder aus dem Syrienkrieg begrüßen uns auf der Ebene. Zwischen hohen Zedern machen wir Betonruinen aus, und Ohad erzählt vom „Größten der israelischen Spione", der perfekt Arabisch sprach, der unerkannt in Syrien leben konnte und dem es gelang, sich dort auch in höchsten Militärkreisen zu bewegen. Dort schnappte er einen Gesprächsfetzen auf, der verriet, dass die syrischen Stellungen auf dem Golan immer durch Bäume getarnt wurden. 1967 hatte darum Israel im Syrienkrieg leichtes Spiel: Man brauchte nur die Stellen mit Bäumen bombardieren, um die Stellungen zu treffen.

Den ganzen Tag genießen wir den Blick auf den immer näher rückenden Hermon. Wir haben das gleiche Wandertempo und kommen über vieles ins Gespräch. Ohad ist ein Mensch, der, wie ich schon im ersten Moment unserer Begegnung gespürt habe, nicht viel von Konventionen hält – egal in welchem Lebensbereich. „Religiös bin ich überhaupt nicht. Diese ganzen Rituale in der Synagoge – ich kann damit nichts anfangen", gesteht er mir. „Aber Religion braucht doch feste Formen", entgegne ich. „Die ewigen Vorschriften

*Der Berg der Seligpreisungen*

*Kafarnaum: Von der UFO-artigen Kirche mit Glasboden sieht man auf die Reste des Hauses von Petrus.*

*Die Primatskapelle in Tabgha erinnert an den Auftrag an Petrus in Mt 16.*

*Die ägyptisch inspirierten Mosaike mit den Flusslandschaften in der Brotvermehrungskirche in Tabgha*

*Einladend für ein Nachtlager: das „Hotel zum wackeren Kreuzritter"*

*Mit Ohad im galiläischen Jordantal; hinten rechts die Golan-Hochebene, links der Hermon (2814 Meter)*

*Eine verfallene Militärhütte dient als Windschutz beim Campieren.*

*Sonnenuntergang über den Golanhöhen*

und Verbote nerven mich“, meint er. Er will wissen, welcher Religion ich angehöre und was es mit dieser Religion auf sich hat. Bald ist er so richtig begeistert: „Ihr kommt also ohne diese vielen religiösen Gesetze aus? Das ist ja genial!“

Judenmission will ich nun aber nicht unbedingt betreiben, und wir wechseln bald das Thema. Ein paar Kilometer später kommen wir unvermittelt in militärisches Übungsgebiet. Die Panzer fahren mit Vollgas durch den Dreck, und wir sehen deutlich, wie sehr das den Soldaten Spaß macht.

Der kalte Wind steigert sich zum Sturm. Die Eiskletterhandschuhe tragen ich und Ohad abwechselnd. Da es langsam Abend wird, müssen wir nach einem geeigneten Windschutz suchen, um unser Zelt überhaupt aufbauen zu können. Als es endlich neben einer verfallenen Hütte, die das Militär übrig gelassen hat, zu stehen kommt, wird es im Inneren schließlich doch warm, und wir können trotz des Sturms recht gut schlafen.

Am anderen Tag ist der Sturm weggezaubert, und bei bestem Wetter brechen wir auf, immer dem Hermon entgegen. Eine wohlgenährte Kuh präsentiert sich vor den weißen Hängen im Hintergrund, und ich muss an die ätzende Sozialkritik des Propheten Amos denken, der die reichen Frauen in den Palästen von Samaria als Baschanskühe titulierte (Am 4,1), denn just hier, auf der fruchtbaren Hochebene des Golan, sind wir auf dem „Baschan“.

Durch einen Wald erreichen wir das Drusendorf Mas’adeh und essen die arabische Spezialität Knafeh, die aus Zucker und Käse besteht, orangefarbig und haarig aussieht und auf einem großen Backblech in den Ofen geschoben wird. Knafeh schmeckt überraschend gut, ja ist geradezu ein kulinarischer Höhepunkt. „Nirgendwo ist Knafeh so gut wie bei den Drusen, und in diesem Dorf ist es nirgendwo so gut wie hier“, versichert mir Ohad.

Per Autostopp fahren wir bis zur Mautstelle des Skigebietes. Ohad ist ganz begeistert vom Schnee, und wir fotografieren uns gegenseitig in der weißen Pracht, bevor wir zurück ins grüne Land und, ohne mit der Wimper zu zucken, durch militärisches Sperrgebiet ins Tal wandern.

Nacheinander müssen uns vier Autos mitnehmen, bis wir endlich wieder in Hulata eintreffen. Ich brate uns ein einfaches Essen, und schon um neun Uhr gehen wir schlafen. Denn am anderen Morgen stehe ich noch vor dem Hellwerden auf, und mein Frühstücksgeklapper mit dem einzigen verfügbaren Topf vermag schließlich auch Ohad aufzuwekken, der mir gesteht, eigentlich einen anderen Tagesrhythmus zu pflegen. Wir verabschieden uns voller Herzlichkeit, und bald schon sitze ich in einem Auto zurück nach Safet.

## ABSCHIEDSGEFÜHLE

*„Gepriesen seist du, Herr unser Gott,*
*der die Früchte der Bäume schafft."*
Sedergebet des Festtages Tu Bishvat

Ich habe Glück, dass am heutigen Freitag um elf Uhr ein Bus von Safet nach Jerusalem fährt – eigens den religiösen Juden aus Safet zuliebe, die den Schabbat gerne in der Heiligen Stadt verbringen. Wegen ihnen, erfahre ich außerdem, ist der Tarif dieser Buslinie besonders billig.

Ich habe noch genügend Zeit für einen meditativen Gang durch Safet. In einer sefardischen Synagoge steht die Tür offen, und ich gehe hinein. Ich entdecke eine gewisse Leichtigkeit und Freude in den Stimmen der Juden, die sich hier zum Beten versammelt haben.

Ein Mann blickt mich fragend, aber durchaus freundlich an. „Mir ist eure Religion wichtig", erkläre ich ihm, „denn wir Christen kommen von euch Juden." „Und wir kommen von dem Einen", antwortet er. 1:0 für ihn.

In einer großen, luxuriösen Künstlergalerie bin ich der erste Besucher des Tages. Der Künstler versteht gleich, dass ich vermutlich nichts kaufen werde, mich aber sehr für Kunst interessiere, bringt mir einen Tee und lädt mich ein, von einem Teller mit lauter Baumfrüchten zu essen: Datteln, Feigen, Trockenfrüchten und Nüssen aller Art.

„Morgen ist ein besonderer Schabbat, nämlich Tu Bishvat", erklärt er mir. Offenbar eine Wissenslücke, die auch nach vier Semestern Judaistik nicht geschlossen wurde, denke ich meinerseits und frage, worum es geht. Er schaltet seinen Computer ein, geht ins Internet und erklärt: „Es steht bei Levitikus 19: ‚Wenn ihr in das Land kommt und einen Fruchtbaum pflanzt …' – Wir verstehen das so, dass wir in Israel jedes Jahr einen Baum zu pflanzen haben. Ich mache das heute am frühen Nachmittag – wegen des Schabbats morgen."

Ein schönes Ritual, denke ich, doch auch ein etwas ketzerischer Gedanke geht mir durch den Kopf, nämlich dass es keine Stelle gibt, die heißt: „Wenn ihr im Land den Eindruck habt, zu wenig Wohnraum zu haben, dann reißt die Ölbäume derer aus, die vor euch da waren, und baut dort Siedlungen." Ich verkneife mir den Kommentar.

Der Bus ist wirklich voller streng religiöser Juden. Entlang der Westbank rast er nach Süden. Am Nachmittag treffe ich mich mit einer Theologin in der École Biblique in Jerusalem, und am Abend steigt eine Dormitio-Party. Etwas wehmütig bilanziere ich, dass unser Studienjahr damals nie so ausgelassen gefeiert hat, doch die Polonaise, bei der man dem Vordermann oder der Vorderfrau in den Pullover beißen muss, lässt für Wehmut keinen Raum mehr.

Spätabends trotte ich durch die Altstadtgassen, das vertraute Brummen der Kühlaggregate im Ohr, um im Johanniterhospiz zu übernachten.

Die Handvoll Gäste und die Gastgeber – es sind Deutsche, die für einige Monate hier einen Freiwilligeneinsatz leisten – sprechen gemeinsam ein schlichtes Gebet und singen ein Lied, bevor sie sich ans Frühstück machen.

Die Schabbatbrote liegen bereit. „Es gibt sie immer im Doppelpack, im Gedenken an den Weg der Israeliten durch die Wüste, die am Freitag die doppelte Menge Manna sammeln konnten, damit es auch für den Ruhetag reicht", lerne ich und staune: Damals in Dimona hatte ich es, ohne es zu wissen, richtig gemacht, als ich zwei Brote kaufte! Vor drei Wochen war das. So reiche, intensive drei Wochen!

# DIE ULTIMATIVE HERAUSFORDERUNG

*„Ich mache die Wüste zum Teich."*
Jes 41,18

Die letzten zwei Tage will ich mit Hanne und Max von der Dormitio in der Wüste verbringen. Wir nehmen es gemütlich und brechen erst um zehn Richtung Betlehem auf. Ich brauche unbedingt noch Kaffee und einen Ersatz-Scherbenengel für meine Tochter, und so ist es schon zwölf, als wir die palästinensische Stadt verlassen. Die Außenquartiere wirken ärmlich, und die Kinder rufen „money, money". Regelrecht erlösend ist es, als endlich der Wanderweg ins Wadi Teko'a abbiegt. Der Name erinnert an den Propheten Amos, der aus Tekoa stammte. Schon eigenartig, dass er die ganze Strecke, die ich gestern mit dem Bus gefahren bin, nach Norden gegangen ist, um dort den „Baschansküchen" die Meinung zu sagen.

Unsere Gespräche drehen sich um Theologisches, aber auch um Wandern, Klettern. Wir kommen an einem Beduinenzelt vorbei, und später, als es schon dämmrig ist, an einem muslimischen Friedhof, der nur an ein paar aufgestellten Steinen erkennbar ist, ganz unscheinbar, mitten in der flachen Steinwüste.

Es beginnt zu tröpfeln. Dummerweise haben wir die Gebiete, wo in den Wänden des Wadi Teko'a noch zahlreiche Höhlen Schutz für die Nacht geboten hätten, längst hinter uns gelassen.

Im Dunkeln haben wir keine Lust, weiterzuwandern, und ich frage mich, wie das Übernachtungsproblem wohl diesmal zu lösen sein wird. Immerhin ist für gute Gespräche gesorgt.

Das Tröpfeln wird wenigstens nicht stärker, sodass wir Feuer machen können. Genau in jenem Moment, in dem wir etwas trotzig die Schlafsäcke ausrollen, hört das Getröpfel auf. Nach einem stimmigen ökumenischen Abendgebet verbringen wir bei geschätzten 15 Grad eine angenehme Nacht.

Während Hanne und Max noch von der Polonaise oder vom Propheten Amos träumen, bin ich am anderen Morgen schon mit dem Fotografieren des Monduntergangs und dem Sammeln von Holz – oder besser gesagt so etwas wie Holzersatz – beschäftigt.

Die Aussicht auf die köstlichen mit Dattelmus gefüllten Plätzchen aus Betlehem bewegt die beiden Schläfer schließlich, sich aus den Schlafsäcken zu schälen.

Durch einige Kilometer wegloses Gelände, auf denen uns mein Kompass hilfreich ist, wechseln wir hinüber ins Nahal Darga. Noch gestern hatte ich in der École Biblique gehört, dass dieses Wadi das Wildeste und Schwierigste sei, was Israel zu bieten hat.

Ich als der Erfahrenste in unserer kleinen Runde trage natürlich am meisten Verantwortung. Ich weiß allerdings von früher, dass bei solchen Wanderungen meist nicht so heiß gegessen wie gekocht wird.

Um 12.00 Uhr erreichen wir das Warnschild: „Hier darf man im Winter spätestens um 9.00 Uhr einsteigen. Man braucht ein 30-Meter-Seil zum Abseilen, und außerdem muss man schwimmen können."

„Na ja, die übertreiben ein bisschen", lautet zum Glück auch die Meinung von Hanne und Max.

Wir lassen uns so wenig beunruhigen, dass wir sogar noch einen Abstecher zu den Muraba'at-Höhlen wagen, in denen man Briefe des jüdischen Aufständischenführers Bar Kochba aus dem beginnenden 2. Jahrhundert gefunden hat.

Dann verläuft unser Weg tief hinab ins Wadi. Die Zeit macht mir allmählich Sorgen, doch ich lasse mir nichts anmerken. Ich registriere, dass Max in den leichten Kletterpassagen nicht der Schnellste ist, doch mir ist klar, dass ich ihn nicht beschleunigen kann.

Er hat einen urigen dicken Ast als Wanderstab dabei, und ich werde das Gefühl nicht los, dass er diese Wanderung nicht überleben wird. Der Stock natürlich.

Wir kommen an ein Wasserbecken, und es ist alles andere als einfach, es zu umklettern. Ich schaffe es knapp; Hanne und Max haben weniger Übung. Meine motivierenden Sprüche wie „Ihr müsst nur den linken Fuß hinter dem rechten Ohr verklemmen!“ helfen auch nicht viel.

Max beginnt, Schuhe und Socken auszuziehen. „Das kannst du dir sparen; es ist sicher nicht der letzte Pool“, rufe ich. Er glaubt mir aufs Wort, und schon der nächste Pool bestätigt meine Vermutung: Nicht nur Waten, sondern Schwimmen ist hier gefragt!

Wir aktivieren alle Plastiktüten und natürlich meinen Biwaksack und verstauen darin alles, was nicht nass werden darf. Am meisten Sorge machen mir mein Fotoapparat, mein Reisepass, der Kaffee und mein Daunenschlafsack, den ich auf dieser Reise noch einmal brauchen werde. Der Engel ist wasserfest.

Obwohl wir in einer der heißesten Regionen des Planeten sind, finden wir die Wassertemperatur alles andere als angenehm, als wir beginnen, mit unseren Rucksäcken durch den ersten Pool zu schwimmen. Nummer zwei lässt nicht lange auf sich warten, und wir bringen noch einige Verbesserungen an: Leere PET-Flaschen werden mit Luft befüllt und in die Rucksäcke gestopft, damit diese besser schwimmen.

Hanne findet das Schwimmen mit Rucksack trotzdem höchst unbequem. Das Problem ist schnell analysiert: Der Schlafsack hat sich mit Wasser vollgesogen, und der Rucksack ist dementsprechend schwer. Sie geht in den nächsten Pools dazu über, ihren Rucksack einfach ins Wasser zu werfen und ihm nach allen paar Schwimmzügen einen Stoß zu geben. Als ihr das zu langsam ist, tausche ich mit ihr den Rucksack, und irgendwie funktioniert es.

An einer Stelle wird es dann wirklich lustig: Vor uns befindet sich eine etwa siebzig Grad steile, acht Meter lange Rutschbahn, die unterhalb noch einen Meter abbricht, bevor der Pool kommt. Ganz klar: Das ist die Stelle, bei der man ein Seil braucht, falls man nicht wie wir das Glück hat, dass es in letzter Zeit viel geregnet hat.

Auch Max scheint das feuchte Element inzwischen als Glücksbringer zu betrachten; jedenfalls stürzt er sich als Erster todesmutig hinab. Dabei zerbricht zwar sein Moses-Stab, doch sonst nichts. (Natürlich wird Max ihn auch in zerbrochenem Zustand weiterhin durch die Landschaft tragen.)

Ich aktiviere meine Kletterkünste, doch die Rutschbahn wird nach unten hin immer glatter, sodass ich vier Meter über dem Wasser ins Rutschen komme. Mein gesamter Körper (samt Hannes Rucksack) wird tief in die trübe Brühe getaucht, und der Gedanke daran, dass wir Minuten zuvor zwei stinkende Tierkadaver betrachtet haben, macht die Sache nicht angenehmer.

Hanne braucht ein paar ermunternde Worte, doch bald taucht auch sie tief in eine der spektakulärsten Wasserlandschaften des Vorderen Orients.

Als wir denken, alles hinter uns zu haben, beginnt eine zweite Reihe von Pools. Die Sonne sinkt langsam, was uns noch mehr Sorgen bereitet als die Kälte, die gnadenlos in unsere Glieder kriecht.

Um 16.30 Uhr ist dennoch alles vorbei: Im letzten Sonnenlicht sehen wir vor uns das Tote Meer. 15 Pools hatten wir durchschwimmen und zwanzig durchwaten müssen!

Wir wringen unsere Kleider aus und inspizieren unsere Siebensachen. Die Bilanz fällt gut aus; nur Hannes Arabisch-Vokabelkärtchen mussten dran glauben.

Weil Max' Hosenboden total zerrissen ist, improvisiert er eine neue modische Kreation und hängt ganz unschuldig einen Pullover darüber, den er vorne zusammenbindet.

Wir haben keine Ahnung, wie wir nach Jerusalem zurückkommen sollen. Der Bus ist uns soeben vor der Nase weggefahren. Doch wir haben Glück: Zweimal nimmt uns ein Auto mit. Das zweite ist ein sehr edles, pieksauberes Exemplar, und als wir in Jerusalem unsere Rucksäcke wieder herausnehmen, bleiben drei dicke dunkle Wasserflecken zurück.

# AUF NEUNTAUSEND METERN IST MAN DEM EWIGEN NÄHER

*„Höre, Israel: Der Herr, dein Gott, ist einer.“*
Dtn 6,4

Ben-Gurion-Flughafen, 11.00 Uhr abends, die Socken immer noch nass, um 5.30 Uhr der Flug nach Zürich.

Meine Augen erspähen ein Café in der zweiten Halle, das vielleicht dienlich sein könnte. Ich schleiche hin. Vorgelagert, etwas tiefer gelegt und durch eine Art Brüstung abgetrennt hat das Café eine Art Innenbalkon, von dem man in Halle 3 schauen kann. Im richtigen Augenblick, als die Kellnerin gerade nicht schaut, lege ich mich ganz schnell auf meine Isomatte, meine Socken zum Trocknen neben mich und träume von Pools, Steinböcken und Feigenplätzchen.

Um 2.30 Uhr beginnt das Einchecken. „Sei standhaft und vertraue auf den Herrn“ – dieser Psalmvers, der mir noch vor der feuchtfröhlichen Wanderung bei den Mönchen der Dormitio begegnet war, ist hier (wie vermutlich auch sonst im Leben) ein gutes Motto, denn die längsten Interviews mit den Sicherheitsleuten sind denen beschert, die sich irgendwie verunsichern lassen. Auf meinem Personalausweis klebt seit dreißig Tagen ein kleiner Aufkleber mit einer 5. Das ist die zweitschlechteste Einstufung; die 6 ist vermutlich nur Bombenlegern und Verfassern israelkritischer Bücher vorbehalten. Doch wenn ich den Aufkleber wegreiße, bin ich sowieso ein Sechserkandidat; außerdem ist er ein Souvenir.

Trotz Fünfer dauert mein Interview diesmal nur zwei Minuten. Vor dem Gate rolle ich noch einmal die Isomatte aus, dann geht es los. Auf Wiedersehen, Israel.

Nach dem Takeoff darf man die Gurte wieder lösen, und sofort stehen fünf, sechs orthodoxe Juden zum Morgengebet auf. Sie küssen ihre schwarzen Gebetskapseln und legen sie mit Lederriemen an Stirn und linkem Arm an, damit das Wort Gottes dem Kopf und dem Herzen ganz nahe ist, dann hüllen sie sich in ihren großen Gebetsmantel. Ein seltsames, doch für Israel so typisches Bild: ein alter Jude mit Rauschebart und einem großen, uralten, in Leder gebundenen Gebetbuch, der würdevoll durch den Gang eines Flugzeuges schreitet.

Stunden später sehe ich am Boden etwas Weißes, und ich überlege minutenlang, welche Wüste wohl zwischen Tel Aviv und Zürich liegt, bis mir klar wird, dass es sich um Schnee handelt. Die Stewardess erklärt mir: „Öschtriich oder Ex-Jugoslawie." (Wir befinden uns auf einem Swiss-Flug.)

In Zürich ist es so kalt, dass sich die Brunnen in bizarre Eisskulpturen verwandelt haben. In einer so anderen Welt zurück zu sein, trifft mich wie ein Schock. Meine Reise ist zu Ende, kapiere ich in diesem Moment.

Sie war inmitten meines Lebens wie eine riesige bunte Oase voller positiver Überraschungen und Begegnungen. Nun geht mein Weg weiter. Durch Wüste?

In ein paar Stunden werde ich meine Familie wiedersehen. Gut, dass sie mitgeht, wo immer mich der Weg hinführt.

# NACHWORT

*„Wenn Gott schon das Gras so prächtig kleidet, das heute auf dem Feld steht und morgen ins Feuer geworfen wird, wieviel mehr dann euch, ihr Kleingläubigen!"*
Mt 6,30

Der Rückblick beschert das Gefühl dankbarer Gelassenheit. Vieles, was ich in Palästina erleben durfte, war wunderschön, doch damals überlagert von manchen Sorgen: Wo werde ich heute schlafen? Wie wird meine Kleidung trocken? Und so weiter. Die Sorgen filtert der Rückblick heraus. Man weiß ja: Alles ist gut auf- und ausgegangen.

Wahre Lebenskunst läge freilich darin, der Gelassenheit schon in der Gegenwart eine Chance zu lassen – so ähnlich, wie Sumaya Farhat-Nasser oder Daoud es gelernt haben.

Beim Schreiben dieses Buches, beim Wiedereintauchen in meine Erlebnisse, kam mir oft der Gedanke: „Siehst du – du musst einfach deinen Weg gehen!" Ein Motto, das einen wichtigen Schritt auf diese Lebenskunst zuführen könnte.

Nach meiner Reise konnte ich beim Liechtensteiner Volksblatt ein Praktikum als Videojournalist machen, was dann zu einer eher schlecht bezahlten, aber interessanten Anstellung führte. Ich begeisterte mich für diese ganz neue Spielart des Journalismus, und dank meiner bisherigen Erfahrung im Schreiben, Fotografieren und Interviewführen machte ich schnell Fortschritte, radelte kreuz und quer durchs Fürstentum und filmte alles, was interessant war – von künstlerisch tätigen Kindergruppen über Grillabende bis hin zum Eiskletterfestival. Auch Seine Durchlaucht Fürst Hans Adam II.

konnte ich vor der Kamera interviewen. Es war eine glückliche Zeit.

Allerdings blieb ich bei meiner Haltung, mich nicht verbiegen zu lassen – mit allen Konsequenzen. Der Volksblatt-Geschäftsführer hat eine private Videofirma aufgebaut, die nun pro forma seiner Frau gehört. An diese Firma vergibt er Filmaufträge – Arbeiten, die das Volksblatt meiner Meinung nach auch intern erledigen könnte. Als der Chef mich im Frühling 2011 dazu verpflichten wollte, in bestimmten Fällen dieser Firma auch noch Kunden für Werbefilme zu liefern, doch sich weigerte, diese Regelung schriftlich zu machen, spürte ich, dass inzwischen eine ganze Reihe Dinge nicht mehr stimmen und dass mein Gewissen Nein sagt.

Darum habe ich Unbeugsamer mich als Videojournalist nun selbständig gemacht. Im ersten Jahr erinnert das noch an eine harte Wüstenetappe, doch langsam gewinnt die Firma „KleinFilm" an Schwung. (Ich gebe zu: Der Name ist so wenig einfallsreich wie meine Israelreise es war. Ich hoffe: Die Firma wird auch genauso erfolgreich sein.)

Perspektiven zu entdecken ist wie Goldwaschen: Es braucht Geduld, Fleiß und einen Schuss Verrücktheit. Doch Perspektiven sind etwas sehr Kostbares.